포켓

해외 여행자의
의사소통을
책임지는 책

하나, 둘 해외여행 중국어

여행 준비물 제1호

국제언어교육연구회 엮음

하나, 지금 닥친 상황에 꼭 해야 할 한 마디
둘, 외국인이 물어올 예상되는 두 마디

太乙出版社

　　해외여행이 완전히 자유화 되면서 여행하는 사람들의 수가 날로 많아지고 있습니다. 자국을 여행하는 것도 큰 어려움으로 생각했던 시대는 가고 지금은 세계일주까지도 보통으로 생각하는 세상에 살고 있습니다.

　　낯선 땅을 여행하며 그곳의 경치를 즐기고 온갖 볼거리를 구경하면서 풍물을 배우는 것보다 더 즐거운 일은 없습니다. 해외여행은 유익한 기회가 되어야 하며 미지의 세계를 찾는 일은 견문을 넓히는 기회로 보고, 듣고, 느낀 것이 모두 유익한 교양이 되도록 해야 합니다.

　　국내여행보다는 비용이 많이 들기 마련이어서 해외여행은 알뜰해야 하는데 이렇게 귀중한 기회인 해외여행을 유익하고 알뜰하게 하려면 무엇보다도 먼저 빈틈없는 계획과 준비를 해야 합니다.

　　뚜렷한 여행 목적을 가지고 무엇을 위해 해외여행을 하는가를 확실히 해야 합니다. 여행 목적이 세워졌으면 이에따라 목적지, 여행방법, 여행시기 및 기간, 경비 등의 구체적인 계획을 세웁니다. 이 모든 즐거운 계획들이 효과적으로 원만히 진행되려면 무엇보다 중요한 것은 의사소통 문제입니다. 가장 기본적인 문제는 발길을 옮길때마다 일어나는 상황에서 꼭 알아들어야 되고 꼭 해야 할 표현을 못듣고, 못하여 실수를 하거나 난처한 경우를 당하는 일입니다.

실수를 통해 배운다는 말도 있지만 실수하지 않고 배우는 것은 더욱 지혜로운 일입니다. 예전과는 달리 우리의 국력에 걸맞게 최소한의 체면을 지키고 국제적인 매너에도 자연스럽게 적응하는 일이 필요합니다.

이 **하나, 둘 해외여행 중국어** 는 여행하는 분들로 하여금 언어소통에 불편이 없도록 하여 편안한 여행이 되도록 만들어졌습니다. 휴대하기가 간편하여 수시로 이용할 수 있고 우리말로도 쓰여 있어 편리하게 되어 있습니다.

"**하나, 둘**"에서, **하나**는 지금 닥친 상황에 꼭 해야 할 **한 마디**를 말하며, **둘**은 외국인이 물어올 예상되는 **두 마디**를 말합니다.

출국과 여행, 그리고 귀국에 이르기까지 빈틈없이 상황을 부여하여 **하나와 둘**을 기록했으므로 정말 기분 좋은 여행이 되실 것입니다.

그리고 **보다 더 만전을 기하고 싶어하는 분들을 위해서** 뒷부분의 부록에 **최종 점검**을 할 수 있도록 해 두었으니 많이 이용하시기 바랍니다.

대망의 21세기가 활짝 열리면서 국제화, 개방화의 급속한 변화 추세 속에서 국가도 웅비하고 개인도 부강하고 이 책을 공부하는 여행자에게도 비약이 있기 바라며 또 그렇게 되기를 확신해 마지 않습니다.

편집부

글 · 싣 · 는 · 순 · 서

포켓

하나, 둘 해외여행 중국어

少用 中國語 學習

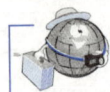

여행준비는 이렇게 하세요

여 권 해외여행 신분증명서
(1) 소양교육과 신원조회를 마치고 외무부 여권과에서 발급 받으세요.
(2) 지방의 경우는 각 시도 여권계에서 발급 받으세요.
(3) 수속하는데 열흘 정도 걸립니다.

비 자 여행 대상국에서 입국을 허가해 주는 입국사증
(1) 우리나라와 상호 비자 면제 협정을 맺은 나라와 맺지않은 나라가 있는 점에 유의하시기 바랍니다.

항공권 비행기표
(1) 여행 일정에 알맞는 항공편을 미리 예약해두세요.
(2) 한 곳에 몇일 이상 머물 때는 출발 3일전에 반드시 항공편을 예약 재확인 해두어야 합니다.

보 험 상해·질병·항공기 납치 등의 뜻밖의 사고에 대비해 보험에 들어두면 안심할 수 있습니다.

환 전 은행에서 해외 통용 외화로 바꾸어야 합니다.
(1) 여행자수표는 환전한 다음 윗쪽에 서명하고 쓸 때 아랫쪽에 서명합니다.
(2) 신용카드로 사용할 수 있으며 귀국후 우리나라 돈으로 결재가 가능합니다.

출입국절차 공항이나 또는 항만에서 세관·출입국심사·검역의 절차를 밟게 됩니다.

  (1) 출국할 때 공항에는 보통 2~3시간 전, 늦어도 1시간 전에 도착해야 합니다.

탑승수속 이용하는 항공사의 데스크를 찾아가셔야 합니다.

  (1) 여권과 항공권을 제시하고 공항세를 내면 항공권의 좌석을 배정 받습니다.

  (2) 이때 수하물을 탁송 처리합니다.

  (3) 좌석이 적힌 탑승권과 화물인환증을 받아 출국장으로 갑니다.

세 관 보안 검사를 마치고 휴대품에 대한 검사를 받습니다.

  (1) 값비싼 물건은 신고해 두어야 입국할 때 세금을 물지 않습니다.

출국심사 여권, 항공기탑승권, 출국신고서를 내면 최종심사후 여권에 스탬프를 찍어 돌려 줍니다.

  (1) 이곳을 나오면 탑승 대기실입니다.

  (2) 탑승권에 찍힌 번호의 탑승구로 가면 됩니다.

검 역 전염병 발생지역을 여행하는 경우 예방접종카드를 확인하지만 일반적으로 생략합니다.

입국절차 출국절차와 정반대입니다. 검역에 이어 여권·입국신고서를 내고 수하물을 찾고 세관에서 통관 절차를 밟습니다.

꼭 알아야 할 단어

1. **여권** : 후쪼우
   戶照

2. **비자** : 첸증
   簽證

3. **항공권** : 찌표
   機票

4. **환전** : 환첸
   換錢

5. **항공편 예약 재확인** : 최런위외찌표
   確認預約機票

6. **이서** : 뻐이첸
   背簽

7. **보험·보험금(액)** : 보우센, 보우센찐
   保險,   保險金

8. **탑승수속** : 층찌쏘우쉬
   乘機手續

9. **세관** : 하이꽌
   海關

10. **출국심사** : 추궈쏘우쉬
    出國手續

11. **검역** : 젠이
    檢疫

12. **입국절차** : 루찡소우쉬
    入境手續

13. **출국허가** : 추찡쉬커
    出境許可

14. **입국허가** : 루찡쉬커
    入境許可

15. **탑승권** : 따층쮠
    搭乘卷

16. **화물인환증** : 훠우쬬 환증
    貨物交換證

17. **탑승구** : 따층코우
    搭乘口

18. **예방접종카드** : 위방카
    預防卡

19. **수하물 찾는 곳** : 취훠우코우
    取貨口

20. **공항수하물보관소** : 찌창싱리보관쉬
    機場行李保管所

21. **호텔에서의 투숙절차** : 짜이삥관빤리토우수소우쉬
    在檳館辦理投宿手續

22. **호텔의 계산(방을 비우기 위해)** : 빤리제쨩소우쉬
    辦理結帳手續

23. **호텔귀중품보관소** : 삥관꾸이쭝우핀보우관쉬
    檳館貴重物品保管所

꼭 알아야 할 감탄사

1. **야아!, 아아!** : 와!, 아!
   哇! 啊!

2. **참 멋지다!** : 쩐머이야!
   眞美呀!

3. **참 사랑스럽다!** : 쩐커아이!
   眞可愛!

4. **참 귀엽다!** : 쩐파이!
   眞乖!

5. **정말 훌륭하다!** : 쩐부춰! 眞不錯!
   정말 굉장하다! : 쩐훙따! 眞宏大!
   굉장히 멋지다! : 타이머이! 太美!

6. **엉터리!, 거짓말!** : 황탕!, 쟈화아!
   荒唐!, 假話!

7. **좋소! 좋아! 찬성이요!** : 호우! 호우! 짠청!
   好! 好! 贊成!

8. **뭣! 저런! 어머나!** : 선머! 텐나! 아이야!
   什么! 天吶! 哎呀! (놀람, 분노의 소리)

9. **이런! 참! 야! 물론!** : 아이야! 쩐! 땅란!
   嗳呀! 眞! 當然! (지루함, 실망, 유쾌함, 놀라움)

10. **잘했다! 훌륭하다!** : 쮀더호우! 부춰!
    做得好! 不錯!

11. **아니! 설마! :** 나능! 난또우!
    哪能! 難道!

12. **어머나! 저런! 앗! 야아! :** 아이야! 아!
    哎呀! 阿! (감탄, 놀람, 공포, 원망)

13. **아, 차가 있었으면! :** 아, 유처뚸호우
    阿, 有車多好

14. **음, 저, 아니 :** 으어
    嗯

15. **재미있다! :** 유취을!
    有趣!

16. **아휴! :** 하이야!
    咳呀! (피로감 · 안도 · 기쁨 · 놀람 · 실망 · 당황 · 불쾌)

17. **와! 야! :** 와! 야!
    哇! 呀!

18. **제기랄! 이크! :** 타마더!
    他媽的!

19. **야단났다! 슬프다! 괘씸하다! :** 쪼우꼬우! 쌍신! 커우!
    糟糕! 傷心! 可惡!

20. **글쎄, 저어, 그건 그렇고, 그런데 :** 딴쓰, 커쓰
    但是, 可是

21. **아이고, 후유, 에라, 과연, 원참, 그래 :** 궈란, 난또우
    果然, 難道

22. **살았다! 아, 고마워라! :** 훠샤라이러! 쎄로우텐예야!
    活下來了! 謝老天爺呀!

1. 말씀하신 것을 이해를 못합니다.

    쒀선머팅뿌둥
    說什么聽不懂.

2. 중국어가 서투릅니다.

    쭝궈화 뿌수렌
    中國話不熟練.

3. 부끄러운 말이지만,

    뿌호우 이스숴
    不好意思說.

4. 하고픈 말을 충분히 못합니다.

    샹숴더화 숴뿌칭추
    想說的話, 說不淸楚.

5. 중국어를 잘하려고 노력하고 있습니다.

    융꿍쒜시 쭝궈위
    用功學習中國語.

6. 뭐라구요, 다시 한번 더 말해주세요.

    선머 충숴이삔바
    什么, 從說一遍吧.

7. 대답할 바를 모르겠습니다.

   뿌즈전머 후이다호우
   不知怎么回答好.

8. 안타깝습니다.(답답하다)

   커씨 (쪼우지)
   可惜 (燥急).

9. 하고픈 말이 빨리 안되는군요.

   샹쒀더화 쒀뿌콰이
   想說的話, 說不快.

10. 말문이 콱 막혀 버리네요.

    쒀뿌추라이
    說不出來.

11. 알겠습니다. 아, 그렇군요.

    즈또우러 아 왼라이쓰 나양
    知道了, 阿, 原來是那樣.

12. 덕분에 또 한 가지 알았군요.(덕분에 배우는게 많군요)

    퉈니더푸 유즈또우러 이쩬
    托你福, 又知道了一件.

상황
1

여러분 모두 타십시오!

따쨔칭상호우
大家請上好.

기내에서 좌석을 찾으며

여행객 : 이것이 나의 좌석번호인데 좀 도와 주시겠습니까?

쩌쓰워더쬐호우 넝빵워조우 이 조우마?
這是我的座號, 能幫我找一找嗎?

스튜어디스 : 네, 이쪽으로 오십시오.

호우, 칭껀워라이!
好, 請跟我來.

이것이 당신 좌석입니다.

쩌쮸쓰 닌더쮀워이
這就是您的座位.

여행객 : 감사합니다.

씨쎄
謝謝.

스튜어디스가 승객에게 할 예상되는 말

스튜어디스 : **손님 좌석은 통로에 있습니다.**

쎈성 쮜워짜이 퉁루뻰
先生, 座位在通路邊.

스튜어디스 : **저기 창가 좌석이군요.**

나챵뻰 쮜쓰 닌더쮜워
那窗邊, 就是您的座位.

스튜어디스 : **탑승권을 보여주십시오.**

카이샤 닌더쮜후우퍄
看一下, 您的座號票.

스튜어디스 : **여기 있습니다.**

짜이쩌얼
在這兒.

스튜어디스 : **만일 무슨 도움이 필요하시면 이 호출 단추를 누르세요.**

루궈 유선머 삐요우더 칭은이샤 쩌거뉴우
如果, 有什么必要的, 請摁一下這个紐.

스튜어디스 : **실례합니다. 좀 지나가겠습니다.**

마펀니 랑워꿔취이샤
麻煩您, 讓我過去一下.

대한항공에 탑승하신 것을 환영합니다

환영닌 청쬬따한항쿵공스빤지

歡迎您, 乘坐大韓航空公司般機.

➤ 승객의 요구 사항

여행객 : 비행기 멀미에 먹을 약을 좀 갖다 주십시오.

칭게이워나덴 윈처요우바
請給我拿点暈車葯吧.

여행객 : 만일 빈자리가 있다면 창쪽자리를 쓰고 싶습니다.

루궈 유쿵워이더화 워샹쭤챵뻰
如果, 有空位的話, 我想坐窗邊.

여행객 : 오렌지주스 좀 주시겠습니까?

칭게이워나 쮜즈인료 커이마?
請給我拿桔子飮料可以嗎?

여행객 : 담요 한 장 사용했으면 합니다.

워샹융 모탄
我想用毛毯.

여행객 :	신문을 보고 싶습니다.
	샹칸 뽀우즈 想看報紙.
여행객 :	토할 것 같습니다.
	샹투 想吐.
	종이백 좀 주시겠습니까?
	게이워 나 쏘우린또우 커이마 給我拿手扮兜可以嗎?
스튜어디스 :	좌석 주머니에 있습니다.
	짜이 쭤워이 코우따이리 在座位口袋里.
여행객 :	화장실은 어디에 있습니까?
	처숴짜이선머띠팡 厠所在什么地方?
스튜어디스 :	곧장 앞으로 나가십시오.
	칭젠즈조우바 請簡直走吧.

상황 3

신사 숙녀 여러분
꺼워이 쌘성 늬쓰먼
各位先生, 女士們!

기내 방송을 알아듣는 요령

1 : 신사 숙녀 여러분,

꺼워 쌘성 늬쓰먼　　各位先生, 女士們.

2 : 북방항공을 이용해주셔서 환영합니다.

환영따쨔 리용버이방항쿵꽁스더 빤찌
歡迎大家利用北方航空公司的般機.

3 : 본 장춘편 여객기는 대련을 경유하여 장춘으로 가기 위해 이제 떠나겠습니다.

번 항빤찡따랜 카이왕창춘더치링치츠빤찌 쮸요우치항러
本航般經大連開往長春的707次般機, 就要起航了.

4 : 좌석을 똑바로 하시고 벨트를 매어주시기 바라며 담배는 금연등이 꺼질 때까지 삼가해주시기 바랍니다. 감사합니다.

따쨔칭쮜호우 바안췬따이 찌호우 진엔등시메워이즈
칭부요우시엔 쎄쎄다쨔

大家請坐好, 把按全帶系好, 禁烟燈熄滅爲
止, 請不要吸烟. 謝謝, 大家.

千萬, 請不要再...	첸완, 칭부요우 짜이	
		부디, 제발 ~십시오.
保持您的原位置	보우츠 닌더 왼워즈	
		너의 자리를 ~한 상태로하라
歡迎	환잉	환영하다.
坐飛機, 乘船	쮜퍼지, 청촨	비행기를 타고, 승선하여
直線, 簡直, 一直	스쎈, 셴스, 이스	
		똑바로선, 고추선, 똑바른
位置	워이즈	위치
航般	항빤	비행편
系	찌	매다
按全帶	안췐따이	안전벨트
就要起航了	쮜요우 치항러	이제 떠난다.
禁止	진즈	~을 금하다.
吸烟	씨엔	흡연
到	따우	까지
禁烟燈	진엔뚱	금연등
熄滅	씨몌	꺼지다
往... 就要	왕...쮜요우	향하여, ~에 가려고
經	찡...	~을 경유하여
閉	삐	끄다
開	카이	켜다

이 통과카드는 갖고 계셔야 합니다.

칭나호우(촤이호우)　쪼 퉁카

請拿好(揣好)交通卡

경유지에서 잠시 내려서

스튜어디스 : 이 통과카드를 갖고 계십시오.

칭나호우 쪼 퉁카
請拿好交通卡.

여행객 : 이 길로 가면 대합실이 나옵니까?

왕쩌리조우, 유커윈쓰마
往這里走, 有客運室嗎?

다른여행객 : 네, 그렇습니다.

쓰더
是的.

저도 같은 방향입니다.

워예스 퉁이꺼팡쌍
我也是同一个方向.

스튜어디스 :	통과여행객이신가요?

쓰이퉁궈러마
是已通過了嗎?

여행객 :	네, 그렇습니다.

쓰더
是的.

여기 있습니다.

게이니칸
給你看.

정시에 떠납니까?

쓰쩡뎬추파마
是正点出發嗎?

스튜어디스 :	네, 그렇습니다.

쓰더
是的.

주의 : 경유지에서 잠시 내릴 때 주었던 추랜싯 카드(통과카드)는
다시 탈 때 회수합니다.

어느 비행기로 갈아탑니까?

환청나이쭤퍼찌너

換乘哪一座飛機呢?

▶ 갈아탈 비행기편의 확인

여행객 : **나는 통과여객입니다.**

워 이 퉁꿔러
我已通過了.

비행기를 갈아타야 합니다.

더이 환청퍼찌
得換乘飛機.

탈 비행기편의 확인은 어디에서 합니까?

짜이 선머띠팡 커이 즈도우쮀항빤더 항츠너
在什么地方可以知道, 坐航般的航次呢?

항공사직원 : **이층으로 올라가십시오.**

칭쌍얼로우
請上二樓.

여행객 : **갈아타는 비행기는 어디에서 탑니까?**

짜이선머띠팡 환층퍼찌너
在什么地方換乘飛機呢?

직원 : **10번 게이트입니다.**

스호우 젠표코우
10號檢票口.

여행객 : **몇 시에 떠납니까?**

지뎬추파너
几点出發呢?

직원 : **2시 30분에 떠납니다.**

량뎬싼스븐 추파
兩点三十分出發.

@ 장춘행 비행기를 갈아타다.

환층창춘퍼즈
換乘長春飛機.

CHINA

- 면   적 : 960만km²
- 종   교 : 불교, 유교, 도교
- 종   족 : 한족 93.3%와 55개 소수민족의 복합민족
- 국   화 : 모란(the tree peony)
- 상징적 동물 : 팬더(panda)(티베트·중국 남부산 흑백곰의 일종)
- 국 민 성 : 매우 조심스럽고 체면을 중시하고, 실리를 중시
  한다. 원칙의 범위내에서 융통성이 많다.
- 기   후 : 3월부터 5월까지가 봄이며 날씨는 따뜻하지만
  바람이 자주 불고 황사가 심한편이다.
  여름은 대륙성 고온이고 또 남부지방은 열대성
  고온으로 밤이나 낮이나 견디기 힘들다.
  가을 날씨는 전국이 고루 쾌적하여 우리나라와
  비슷하지만 동북부 지방은 10월중순만 되면 우
  리나라의 겨울 날씨와 같다.

■ 꼽히는 관광명소

6월말부터 8월중순이 백두산 관광 시기이다. 천단과 북경 근
교에 있는 만리장성과 이화원 명십삼릉 그리고 북경시내에 있
는 천안문, 자금성 등이다.

오스트레일리아 Australia

- 면　　적 : 768만 2천 km²
- 종　　교 : 기독교
- 상징적 동물 : koala (코우알러), kangaroo (캥거루—)
- 인기스포츠 : rugby(럭비), cricket(크리킷)
- 국 민 성 : 보수적 성향이 강하다. 여성의 사회적 활동이
　　　　　 활발하다.
- 기　　후 : 서부지역의 40%와 북부지역의 80%가 열대성이
　　　　　 지만 그외는 온대성기후이다.
　　　　　 오스트레일리아 동해안의 항구도시로 뉴 싸우
　　　　　 스 웨일즈(New South Wales)주의 수도인 시드
　　　　　 니(Sydney)지역은 평균 22℃~11℃로 사철 온
　　　　　 화한 기후이다. 강우량은 1200mm 내외이다.

■ 꼽히는 관광명소

Blue Mountains	블루 마운튼즈	블루산맥
Botanical Garden	버태니컬 가든	식물원
Harbor Bridge	하어버 부리지	하어버 다리
Hawksbury River	혹크스베리 리버	혹크스베리 강
Opera House	아퍼러 하우스	가극장
Palm Beach	팜 비치	팜해변 관광지
Taronga Park Zoo	타론가 파크 쥬	타론가동물원

THE UNITED KINGDOM of GREAT BRITAIN and NORTHERN IRELAND

- 면　　적 : 24만 4천 km²
- 종　　교 : 영국성공회 50%, 카톨릭 11%
- 국　　화 : 장미
- 상징적 동물 : 사자, 여우, 배겨(badger 오소리)
- 인기스포츠 : rugby(럭비), cricket(크리킷)
- 기　　후 : 해양성 기후로 밤과 낮, 여름과 겨울의 기온 차가 적으며 흐리기 쉽고 비가 많은 편이다. 체감온도는 상당히 낮아서 여행객은 코트 등을 준비해 가야한다.

▣ 꼽히는 관광명소

Tower of London/Tower Bridge　타워 부리지

Buckingum Palace　버킹엄 팰리스　　　버킹엄 궁전

Parliament/Whitehall　와잇트 홀　　　영국관청 소재지역

Westminster Abbey　웨스트민스터 애비　웨스트민스터 성당

St Paul's Cathedral　세인 폴즈 커스드럴　성바울 대성당

Hyde Park　하이드 팍　　　　　　　런던의 공원

British Museum　부리티쉬 뮤지엄　　대영박물관

Piccadilly Circus　피커딜리 써커스　　런던번화가의 중심광장

Stratford-on-Avon　스트렛퍼드 온 에이번(영국 중부지방의 도시로 Shakespeare의 출생지이다).

프랑스 THE FRENCH REPUBLIC

정보소개

- 면　　적 : 54만 7천 km²
- 종　　교 : 천주교 91%, 회교, 개신교, 유태교
- 국　　화 : 백합
- 상징적 동물 : 닭
- 인기스포츠 : 축구, 럭비, 테니스
- 기　　후 : 대부분이 온대지역이지만 지역적으로 차이가 있
　　　　　　다. 연 평균기온은 11℃ ~ 12℃. 12월에서 2월중
　　　　　　이 가상 낮고 7 ~ 8월이 가장 높다.
　　　　　　고산악성 기후, 대서양성 기후, 지중해성 기후
　　　　　　그리고 대륙성 기후까지 고루 나타낸다.

■ 꼽히는 관광명소

　　개선문, 에펠탑, 노트르담 대성당, 엘리제궁, 루브르박물관,
　　바시티유 광장, 앵발리드, 오페라좌, 콩코르드 광장,
　　몽마르트르 언덕, 19세기 박물관, 시청, 경시청, 샤이오궁,
　　미결수감옥과 부속 성당, 지하무덤(카타콩부),
　　나르강변의 고성채, 베르사이유 궁전, 샹티이성,
　　퐁텐불로성, 노르망디 상륙작전지역

스위스 THE SWISS CONFEDERATION
정보소개

- 면   적 : 4만 1300km²
- 종   교 : 카톨릭, 신교
- 국   화 : 에델바이스
- 상징적 동물 : 사슴
- 인기스포츠 : 아이스하키, 스키, 승마, 수중잠수, 테니스
- 기   후 : 좁은 국토에 서쪽의 대양성기후와 동쪽의 대륙성 기후의 영향을 받아 지역별 기후의 차이가 있으며 경치 또한 여러 모양을 보인다.
- 언   어 : 독일어, 불어, 이태리어, 로만쉬어, 기타
- 예   절 : 식사후 코푸는 것은 실례가 아니지만 식사중 소리를 내면 실례가 된다.
- 특   징 : 우리나라처럼 사계절이 있으나 여름은 우리나라보다 덜 덥고 겨울은 우리나라보다 덜 추운것이 특징이다.

◼ 꼽히는 관광명소

몽불랑, 융프라우, 마터호른의 알프스 3대 관광지.
그외 리틀리스, 리기산, 필라투스, 샌티스산 등의 알프스 관광지.
츄리히호, 레만호, 보덴호수, 루짼른호 등은 호수관광지이며
아파마레온천, 라인강폭포, 루가노휴양지, 쮸어짜아온천 등이
있다.

THE UNITED STATES of AMERICA

- **면　　적** : 937만km²
- **종　　교** : 신교, 카톨릭교
- **국　　화** : 각주별로 다름
- **국　　기** : 독수리표가 미국의 국장
- **인기스포츠** : 미식축구, 야구, 농구 등
- **기　　후** : 열대에서 한대까지 고루 걸쳐있다.
  북부는 냉대에 속하여 겨울에는 눈바람이 휘몰아지는 한파가 온다. 서경 100°를 경계로 하여 서쪽지방은 건조지대이다. 태평양 연안지역은 온화한 기후가 이어지지만 멕시코만, 대서양쪽의 중남부지방은 돌풍이나 허리케인 발생이 잦다.

■ 꼽히는 관광명소

워싱턴 지역 : 백악관, 국회의사당, 알링턴 국립묘지, 워싱턴 마뉴먼트, 제퍼슨기념관, 스미소니언 박물관

뉴욕 지역 : 엠파이어스떼이트, 월드추레이드센터, 자유의 여신상, 그린위치빌리지, UN본부, 웨스트포인트, 링컨쎈터, 성패추릭성당, 록펠러센터

필라델피아 지역 : 자유의 종, 독립기념관

플로리다 지역 : 디즈니월드, 케네디스페이스센터

오대호 지역 : 나이아가라 폭포

시카고 지역 : 시어타워

캐나다 CANADA

- **면　　적** : 992만 2천 km²
- **종　　교** : 카톨릭교, 신교
- **국　　화** : 단풍나무잎
- **상징적 동물** : 비—버(beaver 해리)

　　　　　　설치류에 딸린 포유동물. 북부의 기온이 찬 지
　　　　　　방에 사는 영리하고 헤엄도 잘 치는 동물이며
　　　　　　몸 크기는 80cm가량. 털가죽은 값이 비쌈.

- **인기스포츠** : 아이스 하키
- **기　　후** : 북반구에 있어서 추울때는 기온이 —20℃이하로
　　　　　　떨어진다.

　　　　　　터란토를 중심으로 북쪽으로 올라갈수록 춥고
　　　　　　겨울이 길어진다 (11월에서 다음해 3월까지).
　　　　　　벤쿠버 중심의 서부연안지역은 태평양 난류의
　　　　　　영향을 받아 여름은 신선하고 건조하지만 겨울
　　　　　　에는 영상 약10℃의 온화하고 습한 날씨가 이
　　　　　　어진다.

■ 꼽히는 관광명소

　나이가라폭포(터란토에서 약 150km 지점)
　카사노바 궁전, 뱀프(Banff) 국립공원
　CN타워(세계에서 제일 높은 타워)

KINGDOM of SAUDI ARABIA

- 면　　적 : 214만 9,690km²
- 종　　교 : 이슬람교
- 국　　화 : 대추야자수(dates tree)
- 상징적 동물 : 낙타
- 인기스포츠 : 축구
- 기　　후 : 서부지역은 홍해를 동부지역은 걸프만을 끼고 있어서 여름철인 4 ~ 10월 기간은 대개 42℃ 정도이며 11 ~ 3월 동안은 25 ~ 30℃ 수준이다. 수도 리야드를 중심으로 중부지방은 사막성기후의 영향으로 4 ~ 10월 동안 여름철은 50℃까지 기온이 오르고 겨울철인 11 ~ 3월 동안은 서늘하고 밤에는 영하로 뚝 떨어지기도 한다.
- 특　　징 : 알콜 성분의 초코렛과 노출이 심한 여자사진등이 게재된 물건이나 카타로그 등은 통관시 압수처분된다.

　　　　　　이슬람 율법상 술과 여자는 절대 금기 사항이다.

▣ 꼽히는 관광명소

메커(Mecca=Mekka 이슬람교의 성도)

미디너(Medina Mohammed 의 묘가 있음)

홍해 연안의 수상스포츠로 윈드서핑, 요트, 스쿠버다이빙 등이 있다.

입국 절차

입국 절차는 검역에 이어 여권·입국신고서를 내고 심사를 받은 뒤 위탁수하물 찾는 곳(claim area)에 가서 짐을 찾아 여권·세관 신고서를 제시하면서 세관에서 통관절차를 밟습니다.

여행지 이민국 직원과 인터뷰를 해야 되는데 심사관은 여행자에게 체류기간을 정해 출입국카드의 반쪽을 잘라 여권에 첨부하고 나머지 반쪽은 입국심사관이 접수합니다.

이민국 직원이 묻는 것은
  (1) 여권을 보여 주시겠습니까?
  (2) 방문 목적은 무엇입니까?
  (3) 얼마동안 머무르실 계획이십니까?
  (4) 돌아갈 항공권을 갖고 계십니까?
  (5) 입국카드를 보여주시겠습니까?

입국 심사관

루찡선차웬
入境申査員

세관원

하이 꽌웬
海關員

여권

戶照
후쪼우

입국카드

入境卡
루찡카

~을 보여주시겠습니까?

칭나추 ~ 커이마
請拿出 ~ 可以嗎?

~의 목적

~ 더 무디
~ 的目的.

얼마동안 ~할 예정입니까?

다쏸 ~ 뒤창스쩬
打算 ~ 多長時間?

여권을 보여주시겠습니까?

칭나추 후쪼우 커이마
請拿出戶照可以嗎?

입국 심사

입국심사관 : **여권을 보여주시겠습니까?**

칭나추 후쪼우 커이마
請拿出戶照可以嗎?

여행객 : **여기 있습니다.**

짜이쩌얼
在這兒.

입국심사관 : **입국카드를 보여주시겠습니까?**

게이칸이샤 루찡카 커이마
給看一下入境卡可以嗎?

여행객 : **여기 있습니다.**

호우
好.

입국심사관 : **방문 목적은 무엇입니까?**

팡원더 무디쓰 선머
訪問的目的是什么？

여행객 : **관광입니다(사업입니다).**

쓰꽌꽝 (쓰빤쓸)
是觀光(是辦事).

입국심사관 : **돌아가실 항공권은 있습니까?**

유후이취더 찌표마
有回去的機票嗎？

여행객 : **네, 있습니다.**

유
有.

입국심사관 : **얼마동안 머무르실 계획이신가요?**

다쏸따이뚸창스쩬
打算待多長時間？

여행객 : **10일 동안입니다.**

따이스텐
待十天..

상황

7

아니오. 신고할 것이 없습니다.

뿌 메유선뽀우더

不, 沒有申報的.

━━━▶ 세관원과의 대화

세관원 :	신고하실 물건이 있습니까?
	유선뽀우더 뚱시마 有申報的東西嗎?
여행객 :	아니오. 신고할 것이 없습니다.
	뿌, 메유선뽀우더 不, 沒有申報的.
세관원 :	가방 좀 열어보실까요?
	다카이이샤 또우즈 커이마 打開一下兜子可以嗎?
여행객 :	네, 그러죠.
	호우, 커이 好, 可以.

세관원:	담배나 술·향수를 갖고 계십니까?

나메나샹엔, 쥬 쌍수이등등
拿沒拿香烟, 酒, 香水等等.

여행객 :	네, 이것들은 제 개인물품입니다.

아, 쩌스워더 르융핀
阿, 這是我的日用品.

세관원 :	이것은 무엇입니까?

저쓰선머
這是什么?

여행객 :	친척에게 줄 선물입니다.

게이 친수쑹리우더
給親屬送禮物的.

세관원 :	감사합니다. 즐거운 여행 되십시오.

쎄쎄, 꿔위콰더 뤼싱
謝謝, 過愉快的旅行.

입국신고서·세관신고서

입국신고서나 세관신고서 등에는 사실대로 써 넣어야 합니다. 사실과 다를 때에는 뜻밖의 곤경을 겪을 수도 있습니다. 공항에는 보세창고 역할을 하는 수하물 보관소가 있습니다. 전혀 쓸 일이 없거나 통관이 어려운 물건은 이곳에 맡겨 두었다가 출국할 때 찾으면 편리합니다.

이 때 반드시 보관증을 받아두었다가 공항에 도착해서 수하물을 찾을 때는 항공편 번호를 기억해 두었다가 그 번호가 표시된 수하물 찾는 곳에 가서 찾습니다.

여행객 : **이것이 나의 세관신고서입니다.**

쩌쓰 워더하이꽌썬뽀우딴
這是我的海關申報單.

수하물 보세창고에 맡겨주십시오.

칭바싱리퉈팡짜이 보우관추바
請把行李托放在保管處吧.

보관증을 주시겠습니까?

카이꺼 보우관딴커이마
開个保管單可以嗎?

입국신고서

루찡선뽀우딴
入境申報單

세관신고서

하이꽌선뽀우딴
海關申報單

보세창고

보우쑤이쿠
保稅庫

통관수속

통꽌쏘우쉬
通關手續

통관신고서

통꽌썬뽀우딴
通關申報單

수하물 찾는 곳

취훠추
取貨處

수하물표

취훠딴
取貨單

환 전

우리나라에서 출국할 때

중국 돈 인민폐(元)로 환전합니다.

여행국에 도착해서

공항 환전소에서 30~50 원 정도만 환전하여 호텔 도착까지의 경비로 쓰고 나중에 환율이 유리한 은행에서 환전하시면 좋습니다.

현금휴대와 소지 외환액 신고

현금을 휴대하기보다는 여행자수표나 크레디트 카드를 쓰는 편이 안전하고 유리합니다. 나라에 따라서는 외환통제가 까다로워 입국할 때 소지 외환액을 신고하지 않으면 일정액 이상을 다시 갖고 나가지 못하도록 하는 경우가 있습니다. 환전할 때는 반드시 환전증명서를 받아두어야 합니다.

상 황

실례지만 환전소가 어디에 있습니까?

치원이샤 환첸추짜이 선머띠방
請問一下, 換錢處在什么地方?

⋯⋯⋯⋯⋯⋯⋯➤ 환전소에서 (1)

환전소 : **도와드릴까요?**

쉬요우 빵망마
需要幇忙嗎?

여행객 : **환전해 주세요.**

게이워 환첸바
給我換錢吧.

환전소 : **어떻게 바꿔드릴까요?**

샹전머환너
想怎么換呢?

여행객 : **잔돈으로 부탁합니다.**

샹요우 링첸
想要零錢.

상황

한화를 인민폐로 환전하고 싶습니다.

샹나한삐환 런민삐

想拿韓幣換人民幣

환전소에서 (2)

여행객 : 200원 환전해 주세요.

게이환거 알바이웬 런민삐

給換个二百元人民幣.

환전소 : 어떻게 바꿔드릴까요?

전머게니 환너

怎么給你換呢?

여행객 : 10원짜리 10장하고 100원짜리 1장으로 부탁합니다.

스웬스짱허 이바이웬이짱 커이러

十元十張和 一百元一張可以了.

환전소 : 싸인해 주십시오.

칭첸쯔바

請簽字吧.

여행객의 기본 상식

여행복장

1. 여행옷 차림은 여기저기 이동하기에 간편한 것으로

2. 여행하는 나라의 기후를 감안하고

3. 고급식당 등에 가기 위해 정장 한 벌을 준비

휴대품

1. 비상용 여권사진

2. 휴대용이나 탁송가방에 이름 등을 기입.

3. 열쇠는 2개씩 준비

4. 휴대품은 꼭 필요한 것만

5. 소형이면서 가벼운 것으로 준비

여행일지

1. 만일의 경우에 연락할 전화번호

2. 여권, 항공권, 운전면허증, 수표, CD 등의 주요내용 기입.

3. 여행지의 시차에 적용하기 위해 활동 시간과 잘 시간
   의 시간표 비치.

4. 예약에 필요한 사항.

음 식

중국의 요리는 전국적으로 여러 계통이 있지만 그중에서도
유명한 것이 4대요리이다. 광둥성을 중심으로 남쪽지방에서 발
달한 광둥요리와 쓰촨성을 중심으로 산악지대의 풍토에 영향을
받은 쓰촨요리, 황허 하류의 평야 지대를 중심으로 발달하여 상
하이로 대표되는 상하이요리, 수도인 베이징의 고도를 중심으로
궁정요리가 발달한 베이징요리 등이다. 그밖에 지방마다 특색있
는 요리가 있어 그 종류만 하더라도 헤아릴 수 없이 많은 것이
중국음식이다.

호 텔

1. 호텔에서의 투숙절차인 Check-in은 오후 시간이며

2. 호텔의 방을 내어줄 시간(호텔의 계산시간)인 Check-
   out은 오전 11시까지

3. 짐은 차에서 내려 객실로 옮기는 과정에 분실이 없도
   록 관심을 가져야

4. 벨보이가 짐을 나르고 나면 팁을 주어야

5. 귀중품은 반드시 S.B(Safety Box)에 맡기고

6. 열쇠는 프론트에 맡기고 외출.

Tip 팁

1. 너무 많아도 실례가 됨

2. 보통 공항과 호텔의 포터, 보이, 룸메이드 등에 주어짐.

3. 식당 웨이터와 택시기사에게는 요금의 10~15% 정도가 적당함.

4. 식당청구서를 확인하여 서비스 요금이 포함되어 있으면 주지 않음.

쇼 핑

1. 귀국 후에 자국에서의 세관에 문제가 되지 않도록 적당한 쇼핑이 요구됨.

2. 쇼핑할 때는 자국 세관을 통과할 수 있는 면세 범위를 염두에 둘 것.

3. 향수 2온스(1병), 담배 10갑, 술 1병이 면세 범위. 이 이상일 경우는 신고를 해야 하고 30~120%의 관세를 물어야 하므로, 현지에서 쇼핑을 할 때 참고로 한다.

4. 여행국에서 쇼핑하였거나 선물로 받은 물품들의 총합계액이 30만원 이하가 면세 범위임.

여권분실

1. 먼저 현지 경찰서에 가서 알리면 분실증명서를 발급 해준다.

2. 그 다음 현지의 우리나라 대사관이나 영사관에 가서 여권재발급신청서를 작성한다.

3. 이 때 수첩이나 여행일지에 기록해 두었던 여권 기입 사항과 사진이 있어야 신청이 가능함.

4. 여권을 재발급 받기까지는 보통 한달이 소요됨.

수표·항공권의 분실

1. 수표나 CD 분실시는 발행은행의 현지 지점이나 제휴 은행에 바로 신고해야 함.

2. 항공권의 분실시는 발행 항공사의 현지 지사에 신고 해야 함.

3. 항공권을 다시 사서 여행하고 나중에 환불 받음.

길을 잃었을 때

1. 택시를 타고 호텔로 돌아간다.

2. 호텔카드를 휴대할 것.

3. 호텔명과 전화번호를 암기해 둘 것.

분실이나 도난

1. 사람들이 많거나 승·하차시에 소매치기 등에 주의해야 함.

2. 관광지나 대도시에서는 각별히 주의해야 함.

3. 분실이나 도난을 당했을 때는 주변 사람들이나 경찰관의 도움을 받는다.

강도를 만났을 때

1. 우선 고분고분 응해줄 것.

2. 섣부른 저항은 위험할 수도 있음.

3. 빼앗길 돈을 따로 넣어두면 좋음.

국제매너

1. 국내에서나 국외에서나 예절과 몸가짐은 기본이다.

2. 여행국의 전통과 풍습을 존중해야 함.

3. 일류 식당이나 호텔 등에서는 국제관례와 매너가 요구되는 장소이기 때문에 유념해야 함.

상 황

오늘밤 투숙할 더블룸을 예약하고 싶은데요.
이용할 수 있는 방이 있습니까?

워샹위띵찐완쭈더 쐉런팡쩬 유팡쩬마

18

我想預定，今晚住的雙人房間，有房間嗎?

전화로 호텔예약 (1)

호텔예약부 : 예약부입니다. 도와드릴까요.

쓰위외추 샹띵팡쩬마

是預約處. 想定房間嗎?

여행지 공항에 도착하여 모든 입국절차를 마치고 출구를 통하여 로비에 나온 여행객은 그곳에 있는 환전소에서 우선 현지통화의 환전이 필요합니다. 로비에는 환전소 뿐만 아니라, 호텔 예약카운 터, 관광안내소 그리고 랜트카 카운터가 있습니다.

여행객 :   네, 한국에서 온 관광객입니다.

오늘밤 묵을 전망이 좋은 방을 예약하고 싶습니다.

쓸 방이 있습니까?

워쓰충 한궈라이더 샹위웨호우이뎬더 팡젠 유마

我是從韓國來的, 想預約好一点得房間,

有嗎?

호텔예약부 : 네, 있습니다.

당장 쓰실 것이 있습니다.

성함을 불러주실까요.

유팡젠. 칭바밍쯔쒀이샤 커이마

有房間. 請把名字說一下, 可以嗎?

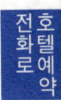

호텔예약부 : 호텔 예약부입니다. 도와드릴까요.

쓰삥관위웨추 빵니선머너
是檳館預約處, 帮你什么呢?

여행객 : 방을 예약하고 싶습니다.
방 요금이 얼마입니까?

샹위웨팡젠 팡이퍼이따까이 뚀쏘우
想預約房間, 房費大概多少?

예약부 : 하룻밤에 80원입니다.

이슈 빠스웬
一休八十元.

여행객 : 싼 것들도 있습니까?

하이유 펜이더마
還有便宜的嗎?

예약부 :　네, 있습니다.
　　　　일박에 오십원짜리도 있습니다.

　　　　유, 하유우스웬더
　　　　有, 還有五十元的.

여행객 :　그것으로 하겠습니다.
　　　　나의 이름은 김인호입니다.

　　　　호우, 쮸요우나거, 워쬬우찐런호우
　　　　好, 就要那个, 我叫金仁浩.

여행객 :   그 호텔까지 무얼타고 가지요?

쮀선머 커이취 니먼빙관너
坐什么可以去，你們檳館呢？

예약부 :   서틀버스를 타시면 여기에 오실 수 있습니다.

쮀쪼우쏘우처 쮸커이또우러
坐招手車，就可以到了．

여행객 :   얼마나 자주 운행합니까?

지번중 유이탕
几分鐘有一趟？

예약부 :   십분마다 출발합니다.

메이스번중이탕
每十分鐘一趟．

여행객 :   타는 곳을 몰라서 지나가는 사람에게 묻는다.
실례지만 셔틀버스는 어디에서 탑니까?

칭원쪼우쏘우처 짜이선머띠팡커이쮜
請問, 招手車在什么地方可以坐?

보행인 :   저기에 큰 푯말이 보이십니까?

나삔뿌유 따파이쪼우마
那邊不有大牌照嗎?

여행객 :   네, 보입니다.

칸또우
看到.

폐를 끼쳐서 미안합니다.

마판닌러
麻煩您了.

보행인 :   괜찮습니다.

메이꽌씨더
沒關系的.

상 황

11

저수지까지 갑시다.

취수이쿠

去水庫.

................................➤ 택시 기사에게

여행객 : 실례입니다만 가장 가까운 택시 승차장이
어디에 있습니까?

칭원쭈이찐더 디스청처짠짜이 나을
請問，最近的的士乘車站在哪兒？

보행인 : 너무 지나쳐 오셨군요.

루꿔토우러
路過頭了.

조금만 오던 길로 돌아가십시오.

반후이 조우 지뿌바
返回走几步吧.

여행객 :	감사합니다.

쎄쎄
謝謝.

여행객 :	여기가 택시 타는 곳입니까?

짜이쩌리 쮀디스마
在這里坐的士嗎?

택시기사 :	네, 타십시오.

쓰더 칭쌍처바
是的，請上車吧.

어디로 모실까요?

취선머띠팡
去什么地方?

여행객 :	저수지까지 가주세요.

취수이쿠
去水庫.

택시기사 :	알겠습니다.

즈또우러
知到了.

여기가 어디쯤 되는지 모르겠네?

뿌즈쩌을쓰 선머띠팡

不知這兒，是什么地方？

길을 잃었을 때

여행객 : 실례입니다만 저는 여기가 초행인데 길을 잃었습니다. 여기가 어디쯤 됩니까?

칭원 워쓰추츠라이 쩌리 미루러 쩌리쓰선머띠팡
請問，我是初次來這里，迷路了，這是什么地方？

경찰관 : 여기 지도가 있습니다. 계신 곳이 바로 여기입니다.

쩌리유띠투 쩌쮸쓰 워먼짜이더 띠팡
這里有地圖，這就是我們在的地方.

여행객 : 이제 대강 알겠습니다.

따까이 밍바이러
大概明白了.

경찰관 : **어디로 가길 바라십니까?**

샹취선머 띠팡너
想去什么地方呢?

여행객 : **저수지에 가려구요**

샹취수이쿠
想去水庫.

경찰관 : **길을 잘못 드셨습니다.**
이 길로 가시면 반대방향으로 가시는 겁니다.

조우춰루러 왕쩌리조우 쓰샹반팡샹더
走錯路了. 往這里走, 是相返方向的.

오던 길로 2,3분만 걸어가십시오.

반후이조우 량.쌴펀쭝바
返回走兩三分鐘吧.

김인수란 이름으로 예약을 하고 왔습니다.

이찐런쭈밍 위웨러

已金仁洙名預約了.

숙박절차를 밟을 때

호텔접수원 :　도와드릴까요?

빵닌선머너
幇您什么呢?

여행객 :　김인수란 이름으로 예약했었습니다.

이찐런쭈밍 이띵러팡쩬
以金仁洙名, 已定了房間.

호텔접수원 :　아, 네 숙박신고서에 기록하십시오.

아 쓰마 칭찌루이샤
阿, 是嗎, 請記錄一下.

여행객 :　호텔 요금이 얼마입니까?

쭈쉬퍼이쓰 뚸쏘우
住宿費是多少?

호텔접수원 : **하룻밤에 80원입니다.**

이슈빠스웬
一休八十元.

여행객 : **여기 있습니다.**

게이니
給你.

호텔접수원 : **505 호실입니다.**

쓰우링우팡젠
是五零五房間.

벨보이가 방으로 안내해 드립니다.

부우웬 후이 안파이니더
服務員會按排你的.

상황

내일 아침 7시에 두 사람이 할 식사를 주문하고 싶습니다.

샹띵이샤 밍텐조우천치덴량꺼런더 조우찬

14

想定一下, 明天早晨七点 兩个人的早餐.

▶ 방에서 식사를 주문할 때

룸 서비스 : 도와드릴까요. 손님

센성 빵닌선머너
先生, 帮您什么呢?

여행객 : 내일 아침 7시에 두 사람이 할 식사를 주문하고 싶습니다.

샹띵이샤 밍텐조우천치덴량꺼런더 조우찬
想定一下, 明天早晨七点兩个人的早餐.

룸 서비스 : **무얼 드시겠습니까?**

想吃什么?

여행객 : **반숙계란과 베이컨, 도마토주스 버터 바른 빵과 커피면 되겠습니다.**

蒸鷄蛋, 抄肉絲, 番茄汁, 面包, 咖啡就可以了.

룸 서비스 : **잘 알았습니다. 손님**

好, 謝謝.

상황

15

7시에 두 사람이 식사할 테이블을
예약하고 싶습니다.

샹위띵 치뎬중량꺼런 이치츠더판쭤

想預定，七点鐘兩个人一起吃的飯桌.

시내식당에서 식사하고 싶을 때

식당접수원 : 풍림식당입니다. 도와 드릴까요.

쓰펑린판쫭 능빵니선머너
是豐林飯壯，能幫你什么呢？

여행객 : 네. 7시에 두 사람이 식사할 테이블을 예약하고 싶
습니다.

샹위띵 치뎬중량꺼런이치츠더판쭤
想預定，七点鐘兩个人一起吃的飯桌.

식당접수원 : 성함을 대주십시오.

칭쒀쒀씽밍바
請說說姓名吧.

| 여행객 : | 김인호입니다. |
| | |

zh짜오찐런호
叫金仁浩.

식당접수원 : 7시에 2인용 테이블 김선생?

찐쎈성 치덴중 량거런융쭤 뚜이마
金先生, 七点鐘兩个人用桌, 對嗎?

여행객 : 그렇소.

쓰더
是的.

식당접수원 : 감사합니다. 그때 뵙겠습니다.

쎄쎄, 나머 이훨쩬
謝謝, 那么一會兒見.

식
사
예
약

상황
16

오늘의 특별음식은 무엇입니까?

찐텐 유선머터베더마

今天，有什么特别的吗？

시내식당에서

웨이터 : **주문을 받을까요?**

상라이덴 선머
想来点什么？

여행객 : **오늘의 특별음식이 무엇입니까?**

찐텐 유선머터베더
今天，有什么特别的？

웨이터 : **구운만두입니다.**

유쩬죠
有煎餃.

여행객 : **좋아요. 그걸 먹겠습니다.**

호우, 쮸요우츠나꺼
好，就要吃那个.

웨이터 :	마실 것은 무얼 드릴까요?
	허더 라이덴선머
	喝的來点什么？
여행객 :	사이다로 하겠습니다.
	라이거 치수울바
	來个汽水吧.
웨이터 :	네. 탕은 무엇으로 드릴까요?
	나머 라이선머탕
	那么，來什么湯？
여행객 :	계란국을 주세요.
	라이쏴이슈탕바
	來甩絲湯吧.
웨이터 :	후식을 드시겠어요?
	판호우 츠쎄선머
	飯后吃些什么？
여행객 :	사과로 하겠습니다.
	라이덴 핑궈바
	來点蘋果吧.

비타민을 팝니까?

유워이썽쑤마
有微生素嗎?

쇼핑할 때 (약국에서) (1)

약국 : 도와드릴까요?

샹마이덴선머너
想買点什么呢?

여행객 : 네, 비타민을 팔고 있습니까?

유워이썽쑤마
有維生素嗎?

약국 : 비타민 B, C, E 종합비타민 중에서 무엇을 드릴까요?

워썽쑤삐 씨 이 푸허워썽쑤쭝 요우나이중
維生素 B, C, E 復合維生素中, 要哪一種?

여행객 :　종합비타민을 주세요.

　　　　나푸허워이썽쑤바
　　　　拿復合維生素吧.

약국 :　당신이 복용하실건가요?

　　　　쓰닌츠더마
　　　　是您吃得嗎?

여행객 :　아니오, 부인이 쓸 것입니다.

　　　　뿌, 워타이타이츠
　　　　不, 我太太吃.

약국 :　그러시면 이걸 써 보시라고 하세요. 틀림없이 마음에 드실겁니다.

　　　　나머칭융이샤 쩌거바 보닌만이더
　　　　那么, 請用一下這个吧, 保您滿意的.

상황 18

입냄새 제거약 주세요.

게이나거 코우초우요우바

給拿个口臭藥吧.

약국에서 (2)

약국 :	도와드릴까요?
	샹마이선머너
	想買什么呢?
여행객 :	입냄새 제거약 주세요.
	나코우초우요우바
	拿口臭藥吧.
약국 :	여기 있습니다. 그 밖에 또?
	게이니 하이요우선머
	給你, 還要什么?
여행객 :	기침약 주십시오.
	게이 커쒀요우바
	給咳嗽藥吧.

여행객 : **코막힐 때 먹는 약 주십시오.**

나거비싸이요우바
拿个鼻塞藥吧.

설사약 좀 주십시오.

나쎄리팅펜바
拿瀉痢停片吧.

알러지 증세에 먹는 약 주십시오.

나꿔민씽지뼁츠더요우바
拿過敏性疾病吃的藥吧.

입술이 터질 때 쓰는 약 주십시오.

나주이춘레더요우
拿嘴唇裂的藥吧.

종합감기약 주십시오.

게이나간모우쫘낭
給拿感冒交囊.

쇼핑할때

저 카메라를 보고 싶습니다.

샹칸이칸 쪼우썅지
想看一看照像機

카메라점에서

가게주인 : 도와드릴까요?

샹칸칸선머
想看看什么？

여행객 : 저 카메라를 보고 싶습니다.

샹칸칸 나쪼우썅찌
想看看那照像機.

가게주인 : 방금 나온 신형입니다.

쓰신추라이더 씬싱
是新出來的新型.

여행객 : 값이 백원입니까?

짜첸쓰이바웬마
价錢是一百元嗎？

가게주인 : **네, 그렇습니다. 정찰제입니다.**

스더 쮸쓰뱌챨쨔
是的, 就是標簽价.

여행객 : **여행자수표로 지불하고 싶습니다.**

샹융뤼유우즈표 푸콴
想用旅游支票付款.

가게주인 : **괜찮습니다.**

커이
可以.

여행객 : **여기 있습니다.**

게이니
給你.

가게주인 : **즐거운 관광여행 하십시오.**

꿔거위콰이더 뤼싱
過个愉快的旅行.

상황
29

실례지만 한 가지 부탁해도 될까요?

마판니 퉈이 쩬쓰커이마
麻煩你, 托一件是可以嗎?

관광지에서 사진을 찍을 때

여행객 :

이 카메라로 우리들 사진을 좀 찍어 주시겠습니까?

마판니 능뿌능융쩌거쯔우쌍찌게이 쯔우거쌍
麻煩你, 能不能用這个照像機給照个像?

다른관광객 : 네, 그러죠.

호우 커이
好, 可以.

여행객 :

셔터의 단추를 누르기만 하세요.

은이샤 뉴쮸커이러
摁 一下紐, 就可以了.

다른관광객 : **두 분이 좀 더 가까이 서주세요.**

량워이 짜이코우찐이뎬
兩位再靠近一点.

여행객 : **이렇게요?**

쩌양
這樣?

다른관광객 : **됐습니다. 웃어보세요.**

호우러 쑈이쑈
好了, 笑一笑.

찰칵

차카
嚓咔

됐습니다.

호우러
好了.

여행객 : **감사합니다.**

쎄쎄
謝謝.

차를 빌리고 싶습니다.

샹째처

想借車.

현지에서 차를 빌릴 때

여행객 : 거기가 로잉러 렌트카입니까?

나리쓰쭈처추마
那里是租車處嗎？

랜트회사 : 네, 도와드릴까요?

쓰 샹쩨처마
是， 想借車嗎？

여행객 : 오늘 오후 한 시에 중형차 하나 빌리고 싶습니다.

찐텐싸우이덴쭝 샹쩨융쭝싱쪄 처
今天下午一点鐘，想借用中型嬌車.

랜트회사 : 특정 차종이라야 하나요?

쮸요우 터중싱마
就要特種型嗎？

여행객 :	한국차면 되겠습니다.

한궈찬쮜커이러
韓國產就可以了.

랜트회사 :	누비라가 있습니다.

유누비라
有奴必拉.

여행객 :	그걸로 하겠습니다.

쮜요우나거
就要那个.

요금은 얼마입니까?

쭈퍼이뚸쏘우너
租費多少呢?

랜트회사 :	하루 60원에 풀보험이 하루 6원입니다.

이텐퍼이융류스웬 보우셴퍼이류웬
一天費用六十元, 保險費六元.

여행객 :	그 차를 가지러 한 시까지 가겠습니다.

이덴쭝 취 취처
一点鐘去取車.

| 랜트회사 : | 좋으실 대로 하십시오. |

수이니삔바
隨你便吧.

| 여행객 : | 나의 이름은 김인호이고 여기 전화번호는 207-6272 |
| | 입니다. |

워쨔찐런호우 렌씨뗀화쓰 알링치류알치알
我叫金仁浩，聯系電話是 207-6272.

| 랜트회사 : | 감사합니다. 김선생님. |

쎄쎄 찐쎈성
謝謝，金先生.

상황
22

김인호입니다.

쨔찐런호우

叫金仁浩.

렌트카 회사에서

랜트회사 : **그러시군요.**

쓰나양　　　　　**是那樣.**

얼마동안 쓰실 것입니까?

다쏸융둬창스쩬
打算用多長時間?

김인호 : **이틀입니다.**

융량텐　　　　　**用兩天.**

나의 신용카드입니다. 보증금은 얼마입니까?

쩌쓰워더씬융카　야찐쓰둬쏘우
這是我的信用卡, 壓金是多少?

랜트회사 : **60원입니다.**

류스웬　　　　　**六十元.**

이 버스가 풍만까지 갑니까?

쩌쭤꿍꿍치처 취풍만마
這座公共汽車, 去豐滿嗎?

→ 대중 교통 수단을 이용할 때

버스 기사 :	네, 그렇습니다.

쓰더(취)
是的.(去)

여행객 :	요금이 얼마입니까?

표우쨔 뛰소우
票价多少?

버스 기사 :	오원입니다.

우웬
五元.

여행객 :	**도착하면 내려주십시오.**
	또우짠 칭꼬우쑤워이썽
	到站請告訴我一聲.

버스 기사 :	**내려드리고 말고요.**
	땅란 커이
	當然, 可以.

여행객 :	**풍만까지는 몇 정거장이나 됩니까?**
	또우풍만 유지짠
	到豐滿, 有几站?

버스 기사 :	**한참 가야 됩니다. 20정거장입니다.**
	더이조우이똰스젠 유알스짠
	得走一段時間, 有二十站.

상 황
24

실례지만 지하철은 어디에서 탑니까?

칭원짜이선머 띠팡쭤띠테
請問, 在什么地方坐地鐵?

➤ 지하철을 이용할 때

보행인 : **똑바로 계속 가십시오.**

칭찌쉬젠즈조우
請繼續簡直走.

여행객 : **감사합니다.**

쎄쎄
謝謝.

여기서 멉니까?

리쩌얼웬마
離這兒遠嗎?

보행인 : **아니오, 조금만 가시면 됩니다.**

뿌, 조우이뎬 쮜커이러
不, 走一点, 就可以了.

여행객 :	어디서 표를 살 수 있습니까?

짜이 선머 띠팡 넝마이표
在什么地方，能買票？

보행인 :	저 계단을 내려가십시오.

싸취 나거쩨티바
下去，那个階梯吧.

여행객 :	감사합니다.

세쎄
謝謝.

여행객 :	삼양행표 두 장 주세요. 편도 승차권으로 주세요.

게이선양 량장 딴청표
給沈陽兩張單乘票.

대중교통

여행객 : 동시장으로 가는 것은 몇 호선입니까?

취뚱쓰창더 쓰지호우 셴
去東市場的是几號線?

역원: 4호선입니다.

쓰호우셴
是四號線.

여행객 : 열차를 갈아타야 하나요?

더이 환쭤처마
得換坐車嗎?

역원 : 그러실 필요없습니다. 갈아 타시지 않고 도착할 수 있습니다.

뿌. 부융환청 예커이또우더
不, 不用換乘, 也可以到的.

역원 : **갈아 타셔야 합니다.**

더이 환청
得換乘.

여행객 : **갈아타는 역 명칭은 무엇입니까?**

환청더 짠밍쓰선머
換乘的站名是什么？

역원 : **시정부입니다.**

쓰쓰쩡부
是市政府.

거기서 내리셔서 2호선으로 갈아타십시오.

짜이나리 샤처 환청알호우센
在那里下車, 換乘二號線.

鐵路, 線路, 軌道, 線		
테루, 쎈루, 구이또우, 쎈	철도, 선로, 궤도, 선	
換乘列車	환청레처	열차를 갈아타다.
不換乘	부환청	갈아타지 않고
換乘	환청	갈아타다.

대중교통

상 황

25

서울에 전화하려고 합니다.

샹왕한청 다뗀화

想往韓城打電話.

⋯⋯⋯⋯⋯► 호텔에서 서울로 전화

호텔 :   잠시만 계십시오. 국제전화 교환을 불러드리겠습니다.

칭등이샤 게이니환거꿔찌쮸환원
請等一下, 給你換个國際交換員.

여행객 :   감사합니다.

쎄쎄
謝謝.

국제교환 :   국제교환입니다. 도와드릴까요?

쓰꿔찌쮸환원, 빵니선머너
是國際交換員, 幇你什么呢?

여행객 : 서울로 전화하고 싶습니다.
전화번호는 2796-2255. 그리고 지명통화로 해주세요.

샹왕한청 다땐화 땐화호우쓰알치쥬류 알알우우, 요
우뎬밍통화
想往韓城打電話，電話號是二七九六 二二
五五，要点名通話.

국제교환 : 누구와 통화하고 싶으십니까?

샹껀수이통화너
想跟誰通話呢?

여행객 : 한 여사입니다. 모친입니다.

쓰한늬쓰 쓰워더무친
是韓女士，是我的母親.

국제교환 : **이름이 뭐죠?**

쨔오선머밍
叫什么名?

여행객 : **한순자입니다.**

쨔오한쑨즈
叫韓順子.

국제교환 : **잘 알겠습니다. 대화자가 나오면 전화하겠습니다.**

호우 뚜이팡쟝화 커이퉁화러
好, 對方講話, 可以通話了.

여행객 : **네, 부탁합니다.**

빠이퉈닌러
拜托您了.

상황 26

가장 가까운 철도역이 어디에 있습니까?

쭈이 찐더 띠테짠짜이 나얼
最近的地鐵站在哪兒?

기차여행을 할 때

보행인 : 여기서 먼 거리입니다. 택시를 타십시오.

리쩔웬 쭤디스조우바
離這遠, 坐的士走吧.

택시기사 : 어디로 모실까요.

취나얼
去哪兒?

여행객 : 가장 가까운 철도역으로 갑시다.

취쭈이진더 띠테짠
去最近的地鐵站.

택시기사 :	자, 다왔습니다.
	호우 또우러 好，到了.
여행객 :	얼마입니까?
	뚸소우첸 多少錢?
택시기사 :	8원입니다.
	빠웬첸 八元錢.
여행객 :	여기 있습니다. 거스름 돈은 넣어두세요.
	게이니 링첸부융조러 給你，零錢不用找了.
여행객 :	매표소가 어디에 있습니까?
	쏘우표추짜이 나얼 售票處在哪兒?

역원 :	저 화살표시를 따라가십시오.

쑨저 나거 쩬토우조우 커이러
順着那个箭頭走, 可以了.

여행객 :	감사합니다.

쎄쎄
謝謝.

백화점까지 표 두 장 주십시오.

게이란쌍 바이훠따로우
給兩張百貨大樓.

첫 열차는 몇 시에 있습니까?

토우이탕쓰 지덴더
頭一趟是几点的?

역원 :	14:00시에 있습니다.

량덴빤
兩点半.

票處 쏘우표추   매표소

중국의 통용 화폐, 인민폐

중국에서 현재 통용되는 화폐는 100元(위안), 50元, 10元, 5元, 1元, 5角(쟈오), 2角, 1角, 5分(펀), 2分, 1分 등의 12가지이며, 이중에서 동전은 1元, 5角, 1角, 5分, 2分, 1分 등이다. 1元, 1角, 5角 등은 지폐와 동전이 혼용되고 있다.

참고로 중국은 외환태환권(외국인용)과 인민폐(중국 국민용)를 함께 사용하던 것을 1994년 6월 가트(Gatt) 가입 이후 단일화시켰다. 따라서 현재는 인민폐만 통용되고 있으며, 그 이전의 태환권은 사용이 금지 되었다.

■ 환 전

1994년 4월 이전까지는 우리 나라에서 중국의 인민폐를 직접 교환할 수 없었는데, 이후부터는 우리 나라의 외환은행 본점에서도 인민폐와의 직접 교환이 가능해졌다. 여권만 가지고 가면 영업시간에는 언제나 교환이 가능하다.

중국 현지에서는 우리 나라 화폐와 인민폐의 환전이 불가능하다. 그러므로 출국하기 전에 우리 나라 화폐를 인민폐나 달러, T/C로 미리 바꾸어 간다.

주의할 것은 우리 나라의 외국환취급은행에서는 지폐만을 교환해 준다는 것. 소액지폐가 많이 필요한 경우에는 미리 부탁해 두지 않으면 교환이 곤란한 경우도 있으므로 유의한다.

중국 내에서의 환전은 공항에 있는 중국은행 출장소나 중국은행 각 지점에서 가능하다. 중국은행의 영업시간은 09:30부터 12:00까지, 14:00부터 16:00까지이다. 토요일은 쉬는 경우가 많고, 일요일·경축일은 휴무다. 호텔이나 대도시의 외국인 상대 쇼핑센터나 우의상점 등에서도 환전이 가능하다. 1995년 2월 13일부터 해외에 가지고 나갈 수 있는 통화한도가 $5,000에서 $1만으로 인상되었다.(신용 카드 사용대금은 별도)

■ 현금 휴대

지구의 어느 곳을 여행하든지 현금을 몸에 많이 지니고 다니는 것은 바람직하지 않다. 우선 불편할뿐더러 분실의 염려도 있기 때문이다. 따라서 팁, 기념품이나 토산품구입, 교통비로 나가는 것을 고려해 되도록 소액권(10元, 1元, 5角 2角 등)만 지니고 다니고 나머지는 여행자수표나 신용 카드를 가지고 다니는 것이 현명하다.

■ 여행자수표

여행자수표(traveler's check; T/C)는 사인만으로 대부분의 장소에서 현금과 같이 사용된다. 전세계 어느 은행이나 환전소에서도 쉽게 환전이 가능하며, 여행자수표로 지불해도 거스름돈은 현금으로 받을 수 있다. 더구나 분실, 도난을 당해도 재발행이 가능하므로 현금과 비교해 볼 때 훨씬 안전하다. 살 때는 현금보다 1% 정도 싸게 살 수 있으며, 사용하고 남은 T/C를 환전할 때도 달러 등의 현금보다 높은 환율을 적용받는다.

■ 여행자수표의 종류와 구입

금액에 따라 $10, $20, $50, $100, $500, $1,000의 종류가 있다. 그 중에서 $500, $1,000 등은 장기체재를 할 때 호텔비를 내는 정도에만 쓰이므로 꼭 필요한 경우에만 구입한다.

구입은 외환은행과 각시중은행(환전취급은행)의 본지점에서 한다. 구입할 때는 자신의 여행스타일이나 지출의 특징을 고려하여 금액을 적당히 조합하는 것이 좋다. 예를 들어 $1,000를 T/C로 구입한다면, $100짜리 5매, $50짜리 6매, $20짜리 10매 등으로 바꾸어 용도에 맞게 쓰는 것이 편하다.

■ 여행자수표 사용법

T/C에는 2개의 사인란이 있는데, 구입하면 바로 오른쪽 위의 사인란(signature)에만 사인을 해둔다. 왼쪽 아래의 사인란(countersign)은 받는 사람 앞에서 사인하여 뜯어 내서 건네 준다. 두 군데의 사인이 같아야 유효하므로 본인 이외에는 사용할 수 없다. 두 군데 모두 사인이 안 된 T/C 또는 두 군데 모두 사인을 마친 T/C는 분실, 도난당해도 재발행이 안 된다.

T/C에는 순서대로 일련번호가 적혀 있으므로 만일의 경우에 대비하여 발행은행명, 발행월일, 수표번호를 메모해 두는 것이 좋다. 도난을 당하거나 분실을 했을 때는 가까운 공안국이나 은행, 환전소, 재발급안내서에 적혀 있는 신고처로 신고하면 재발급이 가능하고 이때 번호를 알고 있으면 재발급이 쉽다.

■ 신용 카드

현재 중국에서도 신용 카드의 사용이 급증하고 있다. 베이징이나 상하이, 광저우 등의 이른바 외국인들이 많이 찾는 대도시에서는 호텔뿐만 아니라 쇼핑센터, 음식점 등에서 사용이 가능하다. 그러나 지방의 작은 도시에서는 호텔이라 하더라도 카드의 사용이 불가능한 곳도 있다.

신용 카드의 장점은 많은 현금을 지니고 다니지 않아도 되며, 분실해도 카드 회사에 연락하면 무효처리되어 악용될 걱정이 없다는 점이다. 그러므로 숙박료나 고액의 쇼핑 등은 카드로 지불하고, 현금은 소액만 가지고 다니는 것이 안전하다.

해외에서 사용할 수 있는 국내발행 카드로는 비자(Visa), 마스터(Master), 아메리칸 익스프레스(American Express), 다이너스(Diners Club) 등이 있다. 상점에 따라 특정 카드만을 받는 경우도 있으므로 2개 이상 준비해 가는 것이 좋다.

신용 카드의 해외사용 한도액은 $5,000이며, 이 금액은 현금 소지액과는 별도다. 그러므로 카드를 가지고 있으면 해외에서의 사용경비를 $15,000까지 쓸 수 있다. 대금의 지불은 사용 후 2개월 이내에 지정은행의 예금계좌에서 원으로 환산되어 지출된다.

중국의 손꼽히는 관광명소

● 베이징의 만리장성 - 기원전 7세기의 춘추전국시대. 북방 이민족의 침략에 대비하여 만들어진 방벽을 기원전 3세기에 진시황제가 증축,개축하기 시작하여 명나라 때 완성된 장성. 길이 6,000km에 달하는 것으로 '달에서 보이는 유일한 인조 건축물'이라는 수식어가 붙어 있으며 그 장대함은 관광객들의 기를 꺾는다. 중국에서는 '장성에 오르지 않으면 대장부가 아니다'라는 말이 있을 정도로 누구나 오르고 싶어하는 곳이며, 중국 관광의 으뜸이라 할 수 있다.

● 베이징의 고궁박물관 자금성 - 베이징의 한가운데에 위치하며, 명,청 시대에 황제가 거처하던 곳. 우리 나라의 경복궁과 비교해 보면 국토의 면적과 비교가 될 만큼 웅대하다. 그 크기 만큼 방의 개수가 워낙 많아서 아이가 태어나서 하루씩만 거처간다 해도 청년이 되어야 끝난다고 한다. 1995년에는 우리나라 페인트회사에서 자금성 벽의 칠 보수를 하기도 했다.

● 구이린의 순수 동양풍 경치, 리강 - 산수화에서 많이 접하는 신비스러운 모습의 산들, 사람들이 오르기를 생각하지 못하게끔 평지에서 불쑥 솟아오른 모습이 황홀하다. 유람선을 타고 리강을 따라 올라가다보면, 속세를 잊은 듯한 한가로움과 유유히 흐르는 리강에 그림자를 떨어뜨리는 봉우리들 사이에서 자연에 동화되는 감정을 절로 갖게 될 것이다.

● 안후이의 황산 - 황산은 중국의 5악(岳)으로 불리는 명산 안에 들지는 않지만, 많은 봉우리들의 기묘함으로 관광객들의 시선을 강하게 잡아당긴다. 우리 나라 사람들이 가보고 싶어하는 곳 중의 하나로

하나, 둘 해외여행 중국어

특히 산악 사진을 사랑하는 사람들이 즐겨 찾는다. 천하의 볼 만한 경치는 황산에 다 모였다고 할 정도로 화가들이 자주 찾아오는 이 산이 유명해진 것은 17C 명나라 때부터지만 그 이전부터 많은 화가들이 찾아와 그림을 그리곤 했던 곳.

● 창강의 삼협 유람 - 서부의 고원에서 시작하여 중국 대륙을 횡단하는 창강 주변의 기묘한 자연의 풍광은 보기만해도 압도당한다. 양쯔강으로도 부르는 창강은 그 풍부한 수량으로 평지에서는 유역 일대를 윤택하게 하고 함난한 산악 부분에 와서는 양 산벽을 침식해서 지나는 곳마다 기암절벽을 만들어 놓았다.

● 항저우의 서호 - 깨끗하고 조용한 항저우의 한가운데 위치하고 주위의 많은 경승지를 긴 면적 5.2㎢에 달하는 호수. 북송의 시인인 소동파가 그의 시 안에서 중국 고대의 미녀 서시(西施)를 비유하여 서자호(西子湖)라 읊은 뒤부터 서호라고 부르게 되었다. 자전거를 타고 돌아보면 더욱 좋은 곳.

● 시안의 진시황 병마용 - 진시황제의 능을 지키도록 만들어진 인형 군대. 전부가 동쪽을 향해 질서 정연하게 놓여진 이 병마용은 6,000개 이상에 달하고, 병마용 한 개의 실제 크기는 178~187cm 정도. 수천개에 달하는 병마용들이 각각 다른 표정으로 만들어진 것과 사람 크기 정도로 만들어진 것이 세계 제8의 기적이라 할 만하다.

● 쑤저우의 단아한 정원들 - 명,청대에 실크 생산이 왕성하게 되었다. 그러면서 쑤저우가 이 중심지로 점차 발전하게 되자 관료나 지주들의 정원이 하나둘씩 조성되었으며, 금세기 초에는 그 수가 200개 이상에 달했다고 한다. 현재는 대표적인 정원으로 유원, 졸정원, 사자림, 창랑정, 이원, 망사원 등이 있다.

사고 발생시의 기록

1. 번호판 번호
   처파이호우   車牌號
2. 차의 이름
   처밍   車名
3. 운전수의 이름
   스지밍   司機名
4. 운전면허 번호
   짜스증호우마   駕駛證號碼
5. 주소
   띠즈   地址
6. 자택 또는 사무실 전화번호
   쭈자이 휘 빤꿍쓰 뗀화호우마
   住宅或辦公室電話號碼
7. 취중운전 여부
   쓰보쥬쭝짜스   是否酒中駕駛

사고 직후 보고사항

1. 사고 현장의 위치 • 주소
   파썽쓰꾸더 워이즈. 띠즈
   發生事故的位置，地址

2. 발생시간 • 날자
   파썽더 스쩬. 르치   發生的時間，日期

3. 도로의 종류
   또우루더 중러어이   道路的種類.

4. 도로의 상태
   또루쨩타이   道路狀太.

6. 신호등
   씬호우등   信號燈.

7. 충돌 당시 위치
   쨩지스더 워즈   撞擊時的位置.

8. 사고후의 양차의 위치
   쓰꾸호우량저워즈   事故后兩者位置.

9. 각종 자국 • 깨진 파편
   꺼중헌찌. 쨩쑤이더퍼펜
   各種痕迹，撞碎的破片.

10. 미끄러진 정도
    화꿔취더 청뚜   滑過去的程度.

목격자의 인적사항 또는 탑승자의 인적사항

성명 씽밍 姓名

주소 띠즈 地址

성별 씽베 性別

자택 전화번호 쭈자이땐화호우 住宅電話號

사무실 전화번호 빤꽁스 땐화호우 辦公室電話號

사고 지점 약도 파씽 띠덴 젠투 發生地点簡圖

↑북쪽

중국에서의 환상적인 쇼핑을 위해

쇼핑의 기초 지식

중국에서 물건을 산다는 것은 굉장한 노력을 필요로 하는 것은 아니다. 단, 가격 흥정에서부터 물건의 진위여부까지 멋모르고 샀다가 낭패보는 경우가 많으므로 주의를 기울여서 사는 것이 좋다.

■ 가격 흥정을 잘한다

중국에서 쇼핑할 때 확실히 기억해 두어야 할 것은 무조건 가격을 깎아야 한다는 것이다. 심지어는 백화점에서 가격표가 붙어 있는 경우에도 깎으려고 마음만 먹는다면 깎을 수 있다.

중국인들은 외국인이라고 판단이 내려지면 무조건 비싼 가격을 부르는 경향이 있는데, 이것을 곧이곧대로 믿고 산다면 십중팔구는 바가지를 쓰게 된다.

조금 귀찮은 생각이 들더라도 깎아 보도록 하자. 보통 2배 정도의 가격에서 심지어는 10배 이상의 터무니없는 가격을 부르기도 한다. 특히 자유시장이나 관광지의 기념품 가게에서는 50~70% 정도 깎는 것이 좋다.

■ 가격은 천차만별이다

중국은 아직 시장경제가 정착되지 않았기 때문에 가격제도가 소비자 중심이 아니라 생산자 중심이다. 그래서 가격이 일률적이지 않고 파는 사람 기준에 따라 다르다. 아무리 백화점이라고 하더라도 같은 가격이 아니고 곳에 따라 차이가 있는 곳도 있다.

그러므로 바가지를 쓰지 않고 제대로 사려면 이곳저곳 돌아다녀 본 후에 가장 가격이 싼 곳을 찾아야 할 정도. 중국에서 물건을 바가지 쓰지 않고 사려면 대단한 노력이 아니고서는 잘 살 수 없다는 것을 기억하기를.

■ 중국 상품 중에는 가짜가 많다

중국에서 물건을 살 때 또 하나 반드시 주의해야 할 점은 가짜 상품이 많다는 것이다. 일단 다른 곳보다 싸다고 생각되어 무심코 사 버리면 나중에 자세히 보면 진짜 상품을 모방하여 만든 것임을 여기저기에서 쉽게 찾아볼 수 있다.

중국에서는 물건을 싸게 사는 것도 잘사는 요령 중의 하나지만 이때는 자칫하면 가짜 상품을 사게 되는 위험도 있으므로 주의한다.

결국 가짜 상품에 속지 않으려면 가격은 다른 곳에 비해서 조금 비싸지만, 외국인 전용 상점이나 백화점 혹은 국영상점 등에서 사는 것이 가장 안전하다.

■ 파는 방식이 다르다

중국에서는 포장된 물건 이외에 채소나 과일 등을 살 때는 저울에 무게를 달아서 파는 것이 일반적이다. 수량 기준이 아니라 중량 기준인 셈. 예를 들어 수박은 우리 나라처럼 1통씩 팔지 않고 1근, 2근 등의 무게 단위로 잘라서 판다. 중국에서 1근은 육류나 채소를 막론하고 0.5kg이다. 물건을 저울에 재서 팔 때도 개중에는 눈금을 속여서 파는 경우도 있다. 결국 중국은 눈뜨고 코 배어 가는 곳인 셈인데, 중국에서 실패하지 않고 물건을 사려면 대단한 안목과 노력이 필요하다고 할 수 있다.

쇼핑 장소

■ 호텔 내의 상점

대부분의 고급 호텔에는 호텔 안에 상점을 갖고 있다. 품목은 일반 대형 상점보다 다양하지는 않지만 대개 믿을 수 있는 상품이므로, 대형 상점에 들를 시간이 없는 경우에는 이곳을 이용해도 무방하다. 이곳에서도 사는 사람의 능력 여하에 따라서 가격을 많이 다운시킬 수 있다.

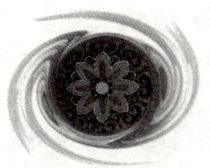

■ 우의상점(友誼商店)

대도시의 호텔 주변에 위치한 외국인 전용 상점으로 중국인들도 이용하지만 대부분 외국인들의 이용이 더 많다. 대부분의 상품은 믿을 만하지만 일반 시중에서 살 수 있는 것보다 가격이 조금 비싸다. 상품은 중국의 특산품들이 대부분이다. 실크류, 자기류, 보석류, 그리고 한방약품류 등이 진열되어 있는데, 어느 도시에나 있다.

■ 백화점

베이징이나 상하이, 광저우 등지의 대도시에는 대규모의 백화점이 많이 들어서고 있다. 외국자본이나 화교들의 자본으로 세워지는 경우와 중국 국영인 곳도 있다.

이곳에는 중국 국내 상품뿐만 아니라 우리 나라에는 수입되지 않는 외국의 유명 브랜드 제품까지 매우 다양하게 진열되어 있다. 요즘의 중국은 자영업과 개방화가 빠르게 진행되어 외국 브랜드가 많이 들어와 있는 실정.

■ 자유시장

1970년부터 일부 자영업을 허용하면서 생긴 곳으로 이곳에는 개체호(個體戶 : 거티후)라는 자영업자들이 운영하는 상점들이 모여 있다. 이미 일부 부유층을 형성하고 있는 이들은 일찍부터 이곳에서 영업을 시작했다고 보면 된다.

이곳에서는 특히 가격 흥정에 따라 아주 싸게 살 수 있는 이점이 있지만, 물건들은 대개 조잡한 것들이 많고 특히 가짜를 살 위험이 있다. 굳이 살 만한 것들이 없다 하더라도 한번 정도 찾아가 보는 것이 여행의 묘미를 더해 준다. 다양한 중국인들의 삶을 가까이 피부로 느낄 수 있기 때문이다.

■ 전문점

한약이나 중국차, 문방사우류, 서화나 골동품 등은 전문점에서 사는 것이 좋다. 이곳에서는 각종 신용 카드로 구입할 수도 있다. 영업시간은 대개 09:00~ 17:00나 19:00까지이다.

쇼핑 종류

■ 골동품

1796년 청나라 건륭제 이전의 것으로 생각되는 것은 전부 외국으로 반출되지 않는다. 서화일 경우 특히 명품인 것은 중화민국 시기의 것도 반출금지이다. 상점이나 전문점에서 파는 물건 중에는 반출이 되는 것에는 붉은 도장이 찍힌 라벨이 붙어 있으므로 살펴보고 산다. 출국할 때 세관심사에서 영수증 제출을 요구할 때도 있으므로 반드시 영수증은 지참한다.

■ 한방약

중국하면 뭐니뭐니해도 한방약의 본고장으로, 중국을 여행한 사람이면 우황청심환 하나쯤은 사오게 마련이다. 한방약의 종류는 매우 많지만 일반적인 약제 외에는 구입할 때 전문의(중의)의 처방을 받은 뒤 사는 것이 좋다.

자양강장제로 봉왕정(蜂王精), 고혈압 등에 우황청심환(牛黃淸心

丸), 간염 등에 편자광(片仔廣), 지혈이나 진통에 운남백약(雲南白藥) 등을 많이 산다. 처방하는 방법에 까다로운 면이 있을 수 있으므로 약을 살 때는 약사 등의 주의를 잘 들어보고 산다.

■ 문방사우

중국에서 쇼핑할 것 중 빼놓을 수 없는 물품 중의 하나가 이것들이다. 서도에 필요한 먹(墨), 붓(筆), 종이, 그리고 벼루(硯) 등이다. 이중에서 주로 벼루와 붓을 사게 되는데, 벼루의 주요 산지는 광둥성의 돤시(端溪)이고 붓은 저장성의 호필(湖筆)이 유명하다. 종이로는 안후이성의 선지(宣紙), 아선지(雅仙紙) 등이 유명하다.

■ 도장재료

인감 도장 등에 쓰이는 고급 재료도 중국에서 선호하는 쇼핑 물품 중의 하나. 수정이나 호목석(虎目石), 마노석(瑪瑙石:석영중의 하나), 계혈석(鷄血石) 등의 돌재료가 특히 유명하다.

이중에서 계혈석은 저장성(浙江省)이 주산지로 붉은 색의 돌이 섬세한 빛깔을 내는 것이 일품이다. 도장재료점에는 이름을 새기는 기

술자가 있어서 직접 이름도 새길 수 있다. 보통 1~2일이면 완성된다.

■ 공예품

도자기는 징더전(景德鎭)자기나 베이징(北京)의 경태람(景泰藍)이라고 하는 칠보자기가 유명하다. 그리고 장쑤성(江蘇省)의 자사(紫砂)도 유명한 자기 중의 하나이다.

자수는 쑤저우(蘇州), 청두(成都), 창사(長沙), 산터우(汕頭) 등지의 것이 유명하며, 특히 쑤저우의 양면자수는 앞뒤로 모두 그림이 되는 것이 신기하여 많은 사람들이 즐겨 찾는다.

■ 차

차도 중국에서 쇼핑하는 인기 있는 품목 가운데 하나이다. 살 때는 대개 차전문점이나 본고장에서 사는 것이 좋다.

1   저어, 여보세요.

칭원!
請問.

2   저어, 여보세요.

마판니이샤
麻煩你一下.

3   여보세요. (전화 통화할 때)

워이
喂.

4   ~하지 않겠어요?

샹....부
想...不.

5

누구시라고 전할까요?

전머챤 니쓰수이너
怎么傳你是誰?

6

아무도 예측할 수 없다.

수이도우 위처뿌료더
誰都預測不了的.

7

맞았어, 바로 그거야.

뚜이러 쮸쓰나거
對了, 就是那个.

8

내 의견은 ~이다.

워더이쩬쓰 ~
我的意見是 ～.

9

설마! 그럴까! 어머!

나능, 뿌커능
哪能, 不可能.

10

알겠소. 그렇군.

즈또우러, 웬라이쓰
知道了, 原來是.

11 생각해 보죠.

샹이샹
想一想.

12 안녕! 또 만나세!

자이 쩬
再見.

13 곧 알게 될꺼다.

이훌 쮸즈또우러
一會兒, 就知道了.

14 내가 보는 바로는~

워칸쓰
我看是...

15 미안합니다만 지나갑시다, 좀 봐주세요,
눈 감아주세요.

마판니 랑워궈취이샤 칭웬량 쩡이옌 삐이옌
麻煩你讓我過去一下, 請原涼,
睜一眼閉一眼.

16 우리들을 놓아주시오.

팡카이 워먼바
放開我們吧.

17 갑시다.

조우바
走吧.

18 그런데, 뭐랄까

딴쓰 전머쒀너
但是, 怎么說呢?

19 폭풍우 등이 가라앉고 있다.

뽀우펑위 요우팅샤라이러
暴風雨要停下來了.

20 반드시 (꼭) ~하여라

삐쉬(이띵)요우 ~ 쭤
必須(一定)要 ~ 做.

21 과연, 반드시, 정말로

궈란, 삐쉬, 이띵
果然, 必須, 一定.

22 진짜의, 현실의, 실제의, 순수한

쩐더, 셴스더, 스짜이더, 춘쩐더
眞的, 現實的, 實在的, 純眞的

23 ~하는 것은 아주 당연하다.

~ 쬐쓰 땅란더
~ 做是當然的.

24 서로 공평이 제일이다.

후쌍꿍핑쓰 쭈이호더
互相公平是，最好的.

25 대단히 불쾌한, 형편없는, 시시한,
진저리나는

퍼이창뿌위콰이, 부쌍양, 메이이스, 판더
非常不愉快，不像樣，沒意思，煩的.

26 ~할 가치가 없는

메이유쨔즈
沒有价值.

27 내가 책임지겠다. 틀림없다.

워푸저 이띵더
我負責，一定的.

28 글쎄 어떨까, 뭐라고 말할 수 없는데

커쓰, 메이파쒀
可是，沒法說.

29 ~이잖아요, 실은~, 안 그래요?

쓰...더, 치스, 부나양
是...的, 其實, 不那樣.

30 어디서 왔습니까?

충나얼라이더
從哪兒來的?

31 좋지 뭐 그러지 뭐 (상대방의 제안에)

호우 쮸나머쮀바
好, 就那么做吧.

32 ~해 보면 어떤가? ~해 보지 그래

~ 쮀전머양? ~ 쓰이쓰
~ 做怎么樣, 試一試.

입어보지 그래

찬쓰쓰
穿試試.

33 술과 음식으로 푸짐하게 대접하다.

이펑썽더 쥬차이 쯔우따이
以豐盛的酒菜招帶.

34 발걸음도 가볍게

칭콰이더
輕快的.

35 나는 비행중이다 (여행중이다).

워짜이뤼유쭝
我在旅游中.

36 기뻐서 어쩔줄 모르겠다.

꼬우싱더 뿌즈 전머쭤호우
高興得不知怎么做好?

37 아직 미정이다.

하이 메이띵
還沒定.

38 이따가 다시 전화하겠다.

이훌 짜이게이니다땐화
一會兒, 再給你打電話.

39 경솔한 짓하지 마라. 재난을 자초하지 마라.

부요우 칭쫘이 후이쯔쪼우난더
不要輕率, 會自遭難的.

40   물어서 실례일지 모르지만,

뿌호우이스원
不好意思問.

41   그 쪽이 더 낫다.

하이쓰나거호우
還是那个好.

42   이열치열 (속담)

이러쯔러
以熱治熱.

43   은혜는 은혜로 원한은 원한으로 갚다. (속담)

싼유싼뽀우   으유으뽀우
善有善報, 惡有惡報.

44   철저하게 하다. 갈데까지 다 가다, 최후의
      선을 넘다.

처디, 조우또우디 꿔꽌
徹底, 走到底, 過關.

45   마음을 고쳐먹다, 생활을 일신하다.

환샹파 가이싼썽훠
換想法, 改善生活.

27

이 길이 저수지 가는 길입니까?

쩌또우쓰왕수이쿠취더마
這道是往水庫去的嗎?

렌터카로 휴양지에

보행인 : 이 길로 가면 돌아가게 됩니다.

쩌머조우더화 쓰로우저조우더
這么走的話, 是繞着走的.

여행객 : 어느 길이 지름길입니까?

쭈이찐또우 전머조우
最近道, 怎么走?

보행인 : 저 길로 가십시오.

칭조우나거또우바
請走那个道吧.

여행객 : 감사합니다.

쎄쎄
謝謝.

여행객 : **실례지만 길림가는 어느 길입니까?**

칭원 지린따쩨쓰 나이툐
請問, 吉林大街是哪一條?

보행인 : **곧바로 계속 가시다가 서쪽으로 가세요.**

쮜쉬젠즈조우 왕씨파이
繼續簡直走, 往西拐.

여행객 : **여기서 멉니까?**

리쩌얼 웬마
離這兒遠嗎?

보행인 : **아닙니다. 1키로가 채 못됩니다.**

뿌, 부또우 1 리띠
不, 不到一里地.

여행객 : **감사합니다.**

쎄쎄
謝謝.

랜
터
카
로

아, 여기가 소위 대련해수욕장이구나.

쩌쭈쓰쉬쒀더 따랜하이위창

阿, 這就是所說的大連海浴場.

휴양지에서

여행객 : 참으로 멋진 해수욕장이군!

쩐머이더하이위창아
眞美的海浴場呵.

동행인 : 나와 같은 생각이시군요.

워예나머샹
我也那么想.

어디가서 뭣 좀 먹읍시다.

취나얼 츠뎬선머바
去哪兒吃点什么吧.

여행객 : 점심식사 후 무얼할까요?

츠우판호우 깐선머너
吃午飯后，干什么呢?

동행인 : 수상스키를 하고 싶습니다.

샹쭤화수이윈뚱
想做滑水運動.

여행객 : 그걸하면 좋겠군요.

호우바
好吧.

동행인 : 저 모터보트 좀 보세요.

챠오나치팅
瞧那汽艇.

여행객 : 참 신나는군요!

쩐라이쩔
眞來勁兒.

휴양지에서  121

여행객 :   여기가 수상스키 타는 곳입니까?

쩌리 쮸쓰화수이더띠팡마
這裏就是滑水的地方嗎?

담당자 :   네, 그렇습니다.
요금을 내시고 준비하십시오.

쓰더 쨔콴즈호우 칭준뻬이바
是的, 交款之后, 請准備吧.

여행객 :   요금은 얼마입니까?

뚸소우첸
多少錢?

담당자 :   이것이 요금표입니다.

쩌쮸쓰 쨔거뱌오
這就是价格表.

여행객 :   우리 차례는 언제옵니까?

선머스호우 룬또우 워먼
什么時侯輪到我們?

담당자 : **차례를 기다려 주십시오.**

칭등순쉬바
淸等順續吧.

15분만 있으면 차례가 옵니다.

스우분중 쮜룬또우러
十五分鐘, 就輪到了.

담당자 : **차례가 왔습니다.**

룬또우러
輪到了.

여행객 : **우리 대련에 갑시다. 그리고 거기서 수영도 즐기고
윈드서핑도 즐깁시다.**

워먼취따렌바 취나리 커이유융, 하이커이쮜쑈판촨
我們去大連吧. 去那里可以游永, 還可以
坐小帆船.

동행인 : 그 말씀 좋게 들립니다.

나예 부춰
那也不錯.

거리가 얼마나 되지요?

유뚸웬
有多遠?

여행객 : 차로 30분 걸립니다.

쬒처쉬요우싼스펀중
坐車需要三十分鐘.

여행객 : 보드를 빌리고 싶습니다.

샹쩌화수이반
想借滑水板.

계원 :   여기 있습니다. 고르세요.

저리유   칭토이토
這里有，請挑一挑.

여행객 :   두 시간 쓰겠습니다. 요금 받으세요.

융량쑈스   칭쏘우퍼바
用兩小時，請收費吧.

바람은 어때요?

펑   전머양
風怎么樣?

계원 :   안성맞춤의 바람입니다.

펑쩡호우
風正好.

상황 23

어디가 아프십니까?

나얼 뿌쑤부마

哪兒不舒服嗎?

여행중 병원에서 (1)

여행객 : 여기 허리를 삐끗했습니다.

뉴러요우
扭了腰.

의사 : 오른쪽으로 누우세요.

왕유탕이샤
往右趟一下.

여행객 : 저 좀 돌아눕혀 주시겠습니까?

빵워좐꿔선라이 커이마
幇我轉過身來, 可以嗎?

옆구리가 많이 아픕니다.

요우 헌틍
腰很疼.

의사 : **어지럽습니까?**

토우윈마
頭暈嗎?

환자 : **네, 머리가 아프고 어지럽습니다.**

쓰 유토우통 유토우윈
是, 又頭疼又頭暈.

의사 : **숨을 크게 쉬세요.**

씨따코우치
吸大口氣.

숨을 내쉬세요.

파이코우치
排口氣.

숨을 들이마십시오.

씨치바
吸氣吧.

숨을 잠깐 멈추세요.

잔팅후씨바
斬停呼吸吧.

드러 누우세요.

탕이샤바 · 칭당이샤
趙一下吧. 清趙一下吧.

여행중 병원에서 (2)

환자 : 뱃속에 가스가 찹니다.

뚜즈리만러치　　（쏘화뿌호우）
肚子裏滿了氣. （消化不好）

의사 : 숨쉬기가 곤란합니까?

촨칠퍼찐마
喘氣費勁嗎?

환자 : 네, 그리고 화장실에 가고 싶습니다.

쓰더, 샹취처숴
是的, 想去厠所.

의사 : **수면제를 좀 드릴까요?**

게이뎬안민요우 전머양
給点安眠藥怎么樣?

환자 : **네, 부탁합니다.**

호우 마판니러
好, 麻煩你了.

간호사를 부르는 장치는 어디 있습니까?

쪼우후스더 링짜이 선머띠팡
招護士的鈴在什么地方?

의사 : **이걸 누르세요.**
더 필요한 것이 있으면 말씀하세요.

은이샤쩌거, 하이유선머 삐요우더 칭쒀추라이
摁一下這个, 還有什么必要的, 請說出來,

환자 : **아니오, 감사합니다.**

뿌러 쎼쎼
不了, 謝謝.

그 밖에 환자가 해야 할 표현

1 :   화장실에 가고 싶습니다.

샹취처숴
想去厕所.

2 :   소변이 보고 싶습니다.

쇼삔
小便.

3 :   대변이 보고 싶습니다.

따삔
大便.

4 :   마실 것 좀 주십시오.

게이뎬인료바
給点飲料吧.

5 :   갑자기 뒤가 마렵습니다.

투란 샹라스
突然, 想拉屎.

6 :   **산책을 해도 됩니까?**

커이 싼뿌마
可以散步嗎?

7 :   **의자에 앉아도 됩니까?**

커이쭤짜이 이즈마
可以坐在椅子嗎?

8 :   **전화를 걸어도 되겠습니까?**

커이다뗀화마
可以打電話嗎?

9 :   **담배 피워도 됩니까?**

커이 씨엔마
可以吸烟嗎?

10 :   **언제 퇴원하게 됩니까?**

선머스호우 추웬
什么時侯出院?

11 : 진통제를 좀 주시겠습니까?

게이쩐퉁요우커이마
給鎮痛藥可以嗎？

12 : 뭐 찬 것 좀 주십시오.

게이 량콰이이덴더뚱시바
給涼快一点的東西吧.

13 : 수면제를 좀 주시겠습니까?

능게이이덴안민요우마
能給点安眠藥嗎？

14 : 숨쉬기가 곤란합니다.

헌난촨치
很難喘氣.

그 밖에 의사가 하는 말

15 : 피를 조금 뽑으려고 왔습니다.

라이초우이뎬 쉬예
來抽一点血液.

16 : 여기 약이 있습니다.

요우짜이쩌얼
藥在這兒..

17 : 약을 드십시오.

츠요우바
吃藥吧.

18 : 식사를 다 하셨습니까?

츠완판러마
吃完飯了嗎?

19 : 어지럽습니까?

윈뿌윈
暈不暈?

20 : 토할 것 같습니까?

상투마
想吐嗎?

21 : 가만히 걸어보세요.

만만더조우이조우바
慢慢地走一走吧.

22 : 화장실에 가고 싶으십니까?

상취처쉬마
想去廁所嗎?

23 : 어디 한번 봅시다.

라이 칸이샤
來看一下.

24 : 가만히 계세요.

부요우뚱러
不要動了.

25 : 왼쪽으로 누우세요.

왕쥐탕이샤
往左趟一下.

26 : 드러누우세요.

탕샤바
趟下吧.

27 : 엎드리세요.

칭파샤바
請爬下吧.

28 : 돌아누우세요.

판궈라이탕샤
翻過來趟下.

가만히 누워계세요.

탕저부요우뚱러
趟着不要動了.

29 : 내려오세요. 올라가세요.

싸라이바 쌍취바
下來吧. 上去吧.

30 : 다 끝났습니다.

완쓰러
完事了.

잠시 기다려 주세요.

칭쏘우 등이샤
請稍等一下.

31 : 편안히 쉬십시오.

호우홀슈시바
好好兒休息吧.

32 : 아프지 않습니다.

뿌통러
不疼了.

33 : 상체를 구부려 보세요. (웅크려 보세요)

바썬즈완취이샤
把身子彎曲一下.

34 : 화장실로 가세요.

취처쉬바
去厠所吧.

35 : 쉬셔야 합니다.

더이슈시야
得休息呀.

상황 31

소매치기를 당했어요.

뻐이또우러
被盜了.

....▶ 소매치기

여행객 : 도와주세요, 내 지갑이 없어졌어요.

징빵이샤 워더첸빠우 메이러
請幫一下, 我的錢包沒了.

보행인 : 기다리세요. 경찰을 부르겠습니다.

칭등이샤, 쪼우징차라이
請等一下, 招警察來.

상황 32

간밤에 방안에 도둑이 들었어요.

줘완 팡젠 뻐이또우러

昨晚, 房間被盜了.

⋯⋯⋯⋯⋯⋯➤ 도난사건

호텔측: 저런 이를 어쩌나! 무얼 도난 당했습니까?

쩌전머빠 선머뚱시 뻐이또우러
這怎么辦, 什么東西被盜了?

여행객: 운전면허증, 신용카드, 여행자수표와 현금이요.

쨔스증 씬용카 뤼유즈표 허 쎈찐
駕駛證, 信用卡, 旅游支票和現金.

예정대로 여행할 수가 없어요.

뿌능안쪼우위띵스젠내이 뤼유러
不能按照預定時間內旅游了.

호텔측 :	신속한 조처를 하겠습니다.

쒼쑤추리이샤
迅速處理一下.

여행객 :	부탁합니다.

빠이퉈러
拜托了.

농업은행 :	농업은행입니다. 도와드릴까요?

쓰넝예인항 능꼬우빵니선머너
是農業銀行，能夠幫你什么呢?

여행객 :	신용카드를 도난당했습니다.

씬융카 뻐이또우러
信用卡被盜了.

농업은행 :	성함을 부탁합니다.

칭쒀쒀니더밍
請說說你的名.

여행객 :	한국에서 온 김인수입니다.

충한궈라이더 쨔찐런쭈
從韓國來的，叫金仁洙.

상 황

33

내 차가 뒤에서 받혔습니다.

워더처뻐이 호우처쫭러

我的車被后車撞了.

............................➤ 교통 사고

교통경찰 : 당신 실수가 아닙니다.

부쓰 니더 꿔춰
不是你的過錯.

여행객 : 견인차 좀 불러주실까요?

게이 쯔우후또 우처커이마
給招呼吊車可以嗎?

교통경찰 : 불러드리고말고요.

땅란 커이
當然可以.

면허증 좀 보여주실까요?

칸이샤 쨔스증 커이마
看一下, 駕駛證可以嗎?

상 황

6월 10일 아침 베이징에서 천진까지 비행기가 있습니까?

유류웨스르조우천 버이징또우 텐찐더퍼이지마

34

有六月十日早晨, 北京到天津的飛機嗎?

여행국에서 비행기 예약:

여행사 : 네, 8시에 천진발 직항이 있습니다.

유빠덴카이왕 텐찐더 퍼지
有, 八点开往天津的飛機.

여행객 : 좋습니다. 그 비행기에 예약을 하겠습니다.

호우 쮜띵나쭤 퍼지바
好, 就定那座飛機吧.

일등석을 부탁합니다.

요우이등시
要一等席.

상 황
35

예약을 확인하려고 전화했습니다.

다땐화춰런위웨
打電話確認預約.

·········► 예약이 유효한지 확인

여행사 : 날짜와 비행기 번호를 말씀해 주세요.

쒀쒀르치허항빤츠
說說日期和般次.

여행객 : 6월 10일이고 비행기 번호는 707입니다.

르치쓰 류웨스르 치링치빤지
日期是六月十日, 七零七般機.

여행사 :	성함은?
	선머밍
	什么名?
여행객 :	김인호입니다.
	쪼찐런호
	叫金仁浩.
여행사 :	잠시만 기다리세요.
	네, 예약이 유효한 것으로 재확인 되었습니다.
	칭등이샤, 최런제궈 위웨유쇼
	請等一下, 確認結果預約有效.

비행기 예약을 변경하고 싶습니다.

샹삐껑 위워
想變更預約.

⋯⋯⋯⋯⋯⋯⋯⋯⋯⋯⋯⋯⋯⋯⋯➤ 예약 변경

항공사 : 북방항공공사 예약처입니다. 도와드릴까요?

버이팡항쿵 위웨추 빵니선머너
北方航空預約處, 幇你什么呢?

여행객 : 저는 김인호입니다.
6월 10일 아침 8시 비행기를 예약했었는데 변경
하려고 합니다.

워쨔찐런호 위띵꿔류웨스르조우 빠덴더퍼지 샹뻰
껑이샤
**我叫金仁浩, 預定過六月十日早八点的飛
機, 想變更一下.**

항공사 :	어느 비행기편으로 바꾸시겠습니까?

샹환나이쭤 퍼지
想換哪一座飛機?

여행객 :	1시 출발 비행기편으로 바꾸고 싶습니다.
	이용할 좌석이 있습니까?

샹환이뎬추파더 빤지 유쭤호우마
想換一点出發的般機，有座號嗎?

항공사 :	네, 자리가 있습니다.

유쭤워이
有座位.

항공편 예약을 재확인하고 싶습니다.

샹자이최런이샤 위웨더빤지
想再確認一下，預約的般機.

⟩⟩ 귀국 비행기 예약 재확인

항공사 : 성함과 비행기 번호를 알려주세요.

쒀쒀씽밍허항빤반츠
說說姓名和航般般次.

여행객 : 김인호입니다.
505 비행기편입니다.

쨔찐런호 쓰우링우빤지
叫金仁浩，是五零五般機.

항공사 :	5월 10일 오후 2시 서울행이었지요?

쓰우웨스르싸우 량덴 카왕한청더바
是五月十日下午兩点, 開往韓城的吧?

여행객 :	맞습니다.

뚜이
對.

항공사 :	좋습니다.
	예약이 재확인 되었습니다.

호우 최런메이원티
好, 確認沒問題.

상황 38

지금 호텔을 나가고 싶습니다.

쎈짜이 샹리카이 삥관
現在, 想離開檳館.

➜ 호텔에서 계산을 하고 나올 때

호텔: 성함과 방 번호를 말씀해 주십시오.

쒀쒀싱밍허 팡호우
說說姓名和房號.

여행객: 김인호이고 505 호실입니다.

쓰찐런호우 쓰우링우팡쪤
是金仁浩, 是五零五房間.

호텔: 세금과 서비스 요금을 포함해서 220원입니다.

쑤이찐허 부우퍼이 이꽁 알바이알스웬
稅金和服務費一共二百二十元.

여행객 :   **여행자수표로 지불하고 싶습니다.**

샹융뤼유즈표푸콴
想用旅游支票付款.

여기 있습니다.

게이니
給你.

호텔 :   **감사합니다.**

저희 호텔에 투숙하셔서 즐거우셨습니까?

쎄쎄, 쭈짜이 워먼 삥관위콰러마
謝謝， 住在我們檳館,愉快了嗎?

여행객 :   **네, 대단히 즐거웠습니다.**

퍼이창더 위콰이
非常的愉快.

체
크
아
웃

호텔:	여기저기 여행하는 것을 좋아하십니까?

시환뤼유 꺼띠팡마
喜歡旅游各地方嗎?

여행객:	그렇습니다.

쓰더
是的.

호텔:	훗날 다시 오시게 되면 여러날 동안 묵다 가십시오.

왕호우 짜이라이 칭또우워먼쩌리라이 쭈샤바
往后再來, 請到我們這里來住下吧.

여행객:	꼭 그렇게 하지요.

호우 이띵더
好, 一定的.

1. **번화가**   반화쩨   繁華街
2. **영업시간**   잉예스쩬   營業時間
3. **상점**   쌍뗀   商店
4. **가격표**   짜거뷰   价格表
5. **가락국수집** 멘툐우뿌   面條部
6. **가발**   쟈파   假發
7. **여행용가방** 뤼싱또우   旅行兜
   멜빵가방   뻬이뽀우   背包
   서류가방   꽁원뽀우   公文包
   큰가방   따또울   大兜兒
8. **가을**   츄텐   秋天

9. 가전제품	쨔융뗀치	家用電器
10. 모조품	모우파알휘	冒牌貨
위조품 • 가짜	워이쪼우핀 쟈휘	僞造品，假貨
사기꾼	펜즈	騙子
위조지폐	워이쪼우즈삐	僞造紙幣
위조수표	워이쪼우초우표	僞造鈔票
11. 위험	워이센	危險
12. 경찰관 파출소	징차꽌 파이추쉬	
	警察官，派出所	
13. 경치, 조망	펑징 툐우왕	風景 眺望
14. 산수의 경치	싼수이징써	山水景色
15. 바다의 경치	따하이펑꽝	大海風光
16. 시골 경치	싼꼴펑징	山溝風景

17. 아름다운 경치	유머이펑꽝	優美風光
18. 경치 좋은 곳	펑징유머이더 띠팡	風景優美的地方
19. 경치가 좋다	유머펑징	優美風景
20. 확트인 경치를 바라보다		
	꽌상유우머이펑징	觀賞優美風景
21. 관광 기념품	꽌꽝찌낸핀	觀光記念品
22. 기념품 매장	찌낸핀뗸	記念品店
23. 관광 안내소	꽌꽝관리쉬	觀光管理所
24. 관광호텔	뤼유삥관	旅游檳館
25. 유람 여행	유란뤼싱	游覽旅行
26. 관광지	꽌꽝띠	觀光地

키
포
인
트

27. 시내관광	꾠꽝쓰네이	觀光市內
28. 관광 안내자	도우유저	導游者
29. 백화점 매장감독(안내)	바이훠쌍뗸 푸저런	
		百貨商店負責人
30. 단체여행	퇀티뤼싱	團體旅行
31. 단체행동	퇀티싱뚱	團體行動
32. 야간비행	예쪤퍼이싱	夜間飛行
33. 여객기의 객실 승무원		機內乘務員
34. 항공회사의 비행편	항쿵꿍쓰항빤	航空公司航般
35. 비행기 여행 (항공여행)	퍼지뤼싱	飛機旅行
36. 여객기의 좌석등급	찌내이 쭤시등지	機內座席等級

♣ 요금이 높은 순으로 짜첸충꼬우덩쓘 价錢從高等順

   (1) 퍼스트 클래스(1등, 1급) 이덩시 一等席

   (2) 비지니스 클래스 빤꿍시 辦公席

   (3) 일반석 이빤시 一般席

37. 객선의 특별2등 터알덩 特二等

38. 기장 찌장 機長

39. 비행기의 여자승무원 늬층우웬 女乘務員

40. 태평양횡단비행 타이핑양흥촨퍼이싱
                    太平洋橫穿飛行

41. 무착륙 비행 우줘뤄퍼이싱 無着落飛行
   선회 비행 쉰쫜퍼이싱 旋轉飛行
   저공 비행 디쿵퍼이싱 低空飛行
   고공 비행 꼬우쿵퍼이싱 高空飛行
   장거리 비행 창쮜리퍼이싱 長距離飛行
   직선 비행 즈셴퍼이싱 直線飛行

키포인트

42. 항공관제(소)	항쿵관쯔	航空管制
관제탑	관쯔타	管制塔
43. 비행기록장치	퍼이싱찌루짱스	飛行記錄裝試
44. 탑승하는항공기관사	따청더항쿵쓰지	
	搭乘的航空司機	
45. 비행경로	퍼이싱리청	飛行曆程
46. 비행편 번호	퍼이싱빤츠	飛行般次
47. 활주로	포우또우	跑道
48. 계단, 층계	쩨티	階梯
49. 영종도공항	찐푸찌창	機場
50. 공항 택시	찌창디스	機場的士
51. 면세점	멘쑤이뗸	免稅店

52. 면세품	멘쑤이핀	免稅品
53. 호텔의 로비	삥관먼팅	檳館門廳
54. 호텔보이	삥관푸우웬	檳館服務員
55. 호텔의 객실담당원	팡젠푸우웬	房間服務員
56. 객실 번호	팡쩬호우마	房間號碼

57. 호텔·하숙 등에서 방에서 식사를 날라다 주는 룸써비스
　　　　　　　푸우　　　　　　　服務

59. 간이숙박소	뤼뎬	旅店

60. 1인실 　　　　딴런쩬　　　　　單人間
　　2인실 　　　　쌍런쩬　　　　　雙人間
　　싱글베드가 두개의 방　량거딴런촹팡젠
　　　　　　　　　　　　　兩个單人床房間

61. 호텔 • 극장 등의 휴대품 일시 보관소
　　　　　　　세따이핀　보우관쉬　携帶品保管所

62. 짐표원　　　　　카이딴원　　　開單員

63. 수하물 꼬리표　　싱리　뽀우쳰　行李標簽
　　수하물 물표　　　싱리딴　　　行李單
　　공항의 수하물 찾는곳　찌창　취훠추　機場取貨處

64. 수하물 계원　　　싱리씨원　　行李系員

65. 수화물 중량제한　쎈쯔싱리쭝량　限制行李重量

66. 호화객실	꼬우땅팡	高檔房
67. 경식당	쑈츠뿌	小吃部
68. 호텔요금	삥관퍼이	檳館費
69. 숙박료 청구서	쭈쉬퍼이	住宿費
70. 관광지의 호텔	꽌꽝취삥관	觀光區檳館
71. 1박 3식이 요금	이슈쌴찬퍼이	一休三餐費
72. 아침식사 포함 요금	뽀퀄조찬퍼이	包括早餐費
73. 1박 2식 요금	이슈량찬퍼이	一休兩餐費
74. 청소나 침대정리를 하는 여성	칭소우런웬	清掃人員
75. 투숙객의 편의를 살펴주는 부서(세탁·옷·구두닦이)	관리런웬	管理人員

키포인트

76. 환전   환첸   換錢

     환전소   환첸추   換錢處

77. 세관 신고   짜이하이꽌선뽀우   申報海關

78. 세관에서 신고하다 선뽀우하이꽌   在海關申報

     신고품이 있습니까? 유선뽀우우마   有申報物嗎

79. 예약필 (게시)   위웨완삐   預約完畢

80. 예약, 예약실   위웨, 위웨추   預約, 預約處

81. 호텔예약 담당직원 삥관위웨추푸저런

                           賓館預約處負責人

82. 자동차의 주유소   치처짜유짠   汽車加油站

83. 음식의 1인분   이펀   一份

상 황

39

알려드립니다.

꼬우쑤따쨔

告訴大家.

➡ 탑승 하라는 방송

공항카운터에서 : 여러분 알려드립니다.

대한항공 서울행 10편 딥승객은 7번 탑승7로 탑

승하시기 바랍니다.

꺼워이 뤼커, 취왕한청더 쭤스츠항빤더뤼커먼 칭
또우 치호우짠타이 졘퍄오

各位旅客， 去往韓城的， 坐十次航般的旅

客們， 請到七號站台檢票.

공항카운터에서 : 서울행 10편 비행기는 정시에 출발(도착)할 예정입

니다.

카이왕 한청더 스츠빤찌 위띵 쩡뗀 추퐈(또우짠)

開往韓城的十次般機， 預定正点出發(到

站).

중국 출입국 절차

1) 입국 절차

중국의 공항이나 항구역에 도착하면 입국심사, 검역, 통관의 순서로 입국수속을 거쳐야 한다. 입국카드는 미리 작성했다가 심사원에게 여권과 함께 제출하여 확인 받도록 한다.

2) 검역

인도 일부지역과 파키스탄, 미안마, 태국, 말레이지아, 필리핀, 인도네시아 등에서 중국으로 입국할 경우에는 콜레라 예방접종이 필요하다. 황열병 발생지역인 아프리카나 중남미에서 중국으로 입국할 때는 황열병 접종 증명이 필요하며 중국에서 1년 이상 체류할 경우 외교관을 제외하고는 에이즈 검사를 받아야 한다.

3) 통관

중국세관은 여행자들 신분에 따라 세 가지의 경우로 분리한다.
첫째, 관광 또는 사업을 위해 중국을 방문하는 외국인.
둘째, 중국인, 화교, 중국거주 외국인.

세째, 홍콩, 마카오 거주인.

이 가운데 한국 사람들은 물론 첫째에 해당하며 물론 한국에서 환전하면 되지만 통관후 공항에서 환전했을 경우엔 반드시 환전 증명서를 잘 보관해어야 출국할 때 남은 인민폐를 재 환전할 수 있다.

4) 반입이 허용되는 품목 및 허용량

술: 2리터

담배: 600개피나 혹은 동등한 량의 담배제품

향수: 1파인트(1파인트는 0.473리터)

의약품: 개인 소비용 목적만 허용

필름: 무비필름 3천 피트, 일반 스틸필름 72롤

인민폐 RMB6000

5) 출국

항공권은 출발 72시간 전에 예약을 재 확인해야 한다. 출국 수속은 출발 2시간전부터 시작한다. 개인여행인 경우 출국카드를 작성하여 여권, 항공권, 공항세 영수증을 가지고 항공회사 창구에 짐을 맡긴 뒤 탑승권을 받는다. 인민폐가 남아 있으면 환전 증명서와 함께 환전소에 제시하고 달러나 기타의 화폐로 교환한다.

상 황
48

면세품을 사고 싶습니다.

샹꼬우마이 멘쑤이핀

想購買免稅品.

································▶ 면세품 구입

여행객 : **면세점이 어디에 있습니까?**

멘쑤이뗀짜이 나얼
免稅店在哪兒?

다른여행객 : **저도 방향이 같습니다.**

저를 따라 오십시오.

워예쓰퉁이거팡샹 칭껀워라이
我也是同一个方向. 請跟我來.

여행객 : **감사합니다.**

쎄쎄
謝謝.

면세점 :	도와드릴까요?
	샹마이 선머 想買什么?
여행객 :	담배 한 상자 주십시오.
	나이툐우엔바 拿一條烟吧.
면세점 :	그외 사실 것이 있으십니까?
	하이마이 베더마 還買別的嗎?
여행객 :	저 향수도 주세요.
	나나꺼썅수울바 拿那个香水吧.
	영수증 부탁합니다.
	카이꺼파훠표 開个發貨票.

1. 항공편 전화 예약

북경행 항공편을 예약하고 싶습니다.

샹띵버이징지표
想定北京機票.

2. 항공권 구입

북경행 편도 항공권 한 장 구입하고 싶습니다.

샹마이이짱 취버이찡더 딴청찌표
想買一張去北京的單乘機票.

3. 항공편 예약 재확인

나의 이름은 김인호입니다.
항공편 예약을 재확인하고 싶습니다.

워쨔찐런호우 샹최런이샤지표
我叫金仁浩.想確認一下機票.

4. 항공편 예약 취소

예약을 취소하고 싶습니다.

샹취쏘위웨
想取消預約.

5. 다른 항공기편으로 예약 변경

밤 아홉시에 출발하는 비행기로 예약을 바꾸고 싶습니다.

샹환 완상쥬덴추파더 지표
想換晚上九点出發的機票.

6. 도움을 청함

이것이 나의 좌석번호인데 좀 찾아서 앉혀주시겠습니까?

쩌쓰워더 쭤호우 능빵워조우이조우커이마
這是我的座號, 能幇我找一找可以嗎?

7. 요 구

베개와 담요를 쓰고 싶습니다.

샹융모우탄허 전토우
想用毛毯和枕頭.

8. 지 불

여행자수표로 지불할 수 있습니까?

커이융뤼유즈표우마
可以用旅游支票嗎?

9. 구 토

토할 것 같습니다.

샹투
想吐.

1ㅁ. 마실 것

마실 것 좀 주시겠어요?

능나덴인료마
能拿点飲料嗎?

11. 먹을 것

무엇을 좀 먹고 싶습니다.

샹츠덴선머
想吃点什么.

12. 어지러움

나는 어지럽습니다.

워토우원
我頭暈.

13. 통과여객

나는 통과여객입니다.

워이징퉁꿔러
我已經通過了.

나는 비행기를 갈아타야 합니다.

워더이 환청퍼지
我得換乘飛機.

14. 목 적

관광차

꽌꽝　　觀光

사업차

빤쓰　　辦事

15. 수하물

실례지만 수하물 찾는 곳이 어디에 있습니까?

칭원취훠추짜이 서머띠팡
請問取貨處在什么地方?

16. 세관검사

신고할 것이 없습니다.

머이유선뽀우더
沒有申報的.

17. 영수증 [보관증]

영수증〔보관증〕을 주십시오.

칭스이샤쏘우쮀(보우관증)
請示一下收据.(保管證).

18. 환　전

한화를 인민폐로 바꾸고 싶습니다.

샹나한삐환거런민삐
想拿韓幣換个人民幣.

동전으로 주세요.

게이링첸바
給零錢吧.

10원짜리로 주세요.

게이스웬더
給十元的.

19. 임대차

차를 빌리고 싶습니다.

샹쭈처　　　想租車.

전세차

쭈처　　　租車

20. 여행사 알선 여행

우리는 여행사 알선 여행자들입니다.

워먼쓰뤼싱써쩨쏘우라더　뤼유저
我們是旅行社介紹來的旅游者.

우리는 안내자의 인솔을 받는 관광객입니다.

워먼쓰도우유저링싸이더꽌꽝런웬
我們是導游者領摔的觀光人員.

21. 관광버스

이것이 우리의 관광버스입니다.

쩌쮸스워먼더 뤼유처
這就是我們的旅游車.

22. 소요시간

거기에 도착하는 데 얼마의 시간이 걸립니까?

또우나리 쉬요우 뚸창스짼
到那里需要多長時間?

23. 거   리

거리가 얼마나 됩니까?

유뚸웬
有多遠?

24. 버스운전사

나는 여기가 초행입니다. 북산까지 갑니다.

도착하면 내리라고 알려주세요.

워쓰추츠취버이싼 또우짠칭꼬우쑤워
我是初次去北山, 到站請告訴我.

25. 버스에 타고 확인

이것이 북산행 버스 맞습니까?

쩌쭤처 쓰취버이산더마
這座車, 是去北山的嗎?

26. 어디에서 탈 수 있습니까?

짜이선머띠팡능쭤
在什么地方能坐?

27. 택 시

동시장까지 갑시다.

취뚱쓰창
去東市場.

요금이 얼마입니까?

뚸소우첸
多少錢?

거스름 돈은 넣어두세요.

부융조우첸러
不用找錢了.

28. 이 근방에 버스 정류장이 있습니까?

쩌부찐유 꿍꿍치처잔마
這附近有公共汽車站嗎?

이 근방에 한국식당이 있습니까?

쩌부찐유 한궈판뗀마
這附近有韓國飯店嗎?

29. 호텔 예약

이틀 동안 묵을 방을 예약하고 싶습니다.

상띵쭈량텐더팡쩬
想定,住兩天的房間.

경치 좋은 방을 원합니다.

요우펑징호우이뎬더팡쩬
要風景好一点的房間.

햇볕이 잘 드는 방을 원합니다.

요우 꽝쏀주더 팡쩬
要光線足的房間.

그 호텔은 몇 층 건물입니까?

나삥관스 지층로우
那檳館是几層樓?

김인호란 이름으로 예약하고 왔습니다.

이찐런호우밍 웨띵꿔팡쩬
以金仁浩名約定過房間.

30. 잠을 깨우는 전화

내일 아침 6시 30분에 깨워줄 수 있습니까?

밍텐조우천 류뎬싼스분 능쩌우싱마
明天早晨六点三十分, 能招醒嗎?

31. 물표를 받고 짐을 맡김

이 짐을 맡길 수 있습니까?

능보우관이샤마
能保管一下嗎?

귀중품을 맡길 수 있습니까?

능보우관이샤 꾸이중우마
能保管一下貴重物嗎?

32. 열쇠문제

렌터카 안에 열쇠를 둔 채 문을 잠그었습니다.

요우스팡짜이 처내이 쭤쉬쌍러처먼
鑰匙放在車內, 就鎖上了車門.

방 안에 열쇠를 둔채 문을 잠그었습니다.

요우스팡짜이 우리 쭤쉬쌍먼러
鑰匙放在屋里, 就鎖上門了.

33. 식당 예약

두 사람이 식사할 창가 테이블을 예약하고 싶습니다.

샹띵량워이 이치츠판더 코우 창더판쭤
想定兩位一起吃飯的靠窗的飯桌.

34. 식사 주문

두 사람이 먹을 모듬 요리 주세요.

나량꺼런꼬우츠더뚱시
拿兩个人夠吃的東西.

35. 열차의 좌석 예약

상해행 열차의 좌석을 예약하고 싶습니다.

샹띵취쌍하이더례처쭤표
想定去上海的列車座票.

완행열차입니까? 직행열차입니까?

쓰만처? 하이쓰콰이처?
是慢車？ 還是快車？

36. 침대객차를 원합니다.

요우워푸
要臥鋪.

37. 몇 호선

상해행 열차는 몇 호선입니까?

취쌍하이더례처 쓰 지호우쎈
去上海的列車， 是几號線？

3번선인가요? 4번선인가요?

쓰싼호우쎈? 하이스쓰호우쎈?
是三號線？ 還是四號線？

38. 몇 정거장

북경까지는 몇 정거장

또우버이찡 유지짠
到北京有几站？

부록: 총정리와 총점검   175

총점검
부록

39. 유람선

유람선은 어디서 탑니까?

짜이선머 띠방쬒유란촨
在什么地方坐游覽船.

40. 멀 미

나는 배멀미를 한다. 〔차멀미 · 비행기멀미〕

워윈촨
我暈船 〔暈車, 暈飛機〕

41. 항공우편

항공우편으로 한국에 편지를 보내고 싶습니다.

샹왕한궈유항쿵유쩬
想往韓國郵航空信件.

42. 속달 소포

한국에 이 소포를 속달로 보내고 싶습니다.

샹왕한궈유콰이젠뽀우
想往韓國郵快件包.

43. 서울로 전화

서울로 전화를 하고 싶습니다. 요금 수신인 지불통화입니다.

샹왕한청다궈찌땐화 쓰뚜이팡푸퍼이
想往漢城打國際電話, 是對方付費.

전화번호는 02-730-7685. 나의 이름은 김인호. 여기 번호
는 208-9030

땐화호우쓰링알 치싼링 치류빠우 워더밍쓰 찐런호 쩔더
땐화 쓰알링빠 쥬링산링
電話號是零二 七三零 七六八五.我的名是金仁
浩, 這兒的電話是二零八 九零三零.

44. 선물용으로 포장

뽀쫭쑹리   包裝送禮.

45. 소포용으로 포장

뽀우쫭유쩬   包裝郵件.

46. 국가번호·도시번호

한국 전신번호 좀 일러주시겠습니까?

능꼬우수 한궈궈쨔땐신 호우마마
能告訴, 韓國國家電信號碼嗎?

서울의 전신번호는 무엇입니까?

한청더취호우쓰 뚸소우
漢城的區號是多少?

47. 호텔에서 여행국 국내전화.

길림에 스떼이숀 콜을 부탁합니다.

요우 지린쫜환타이
要吉林轉換台.

48. 전화요금

요금은 제 방으로 청구해 주세요.

땐화딴 쑹또우 워더 팡젠
電話單送到我的房間.

49. 중국어 통역이 필요합니다.

쉬요우 쫑궈위 판이웬
需要中國語翻譯員.

50. 나는 ○○○와 통화하고 싶습니다.

워샹껀○○○통화
我想跟○○○通話.

51. 공중전화

이 근처에 공중전화가 있습니까?

쩌푸찐유꿍융땐화마
這附近有公用電話嗎?

52. 상품 판매

여기서 선글라스 • 색안경을 팝니까?

쩌리 마이미찡마
這里賣墨鏡嗎?

53. 배 달

호텔까지 배달해 줄 수 있습니까?

능뿌능 쏭또우 삥관
能不能送到檳館?

54. 관광명소

여기서 최고로 꼽히는 관광명소는 무엇입니까?

쩌띠팡주이호우더 뤼유취쓰나얼
這地方最好的旅游區是哪兒?

55. 시내구경

시내구경을 하고 싶습니다.

샹꽝이꽝쓰내이
想逛一逛市內.

56. 안내 의뢰

안내해 주시겠습니까?

능빵워조우이조우마
能幫我走一走嗎?

57. 처 방

처방전대로 약을 지어주십시오.

안조우 추팡게이퍼이요우바
按照處方, 給配方吧.

58. 주 사

주사를 맞을 수 있을까요? 열이 있습니다.

능다쩐마 유러야
能打針嗎? 有熱呀.

59. 분 실

돈지갑을 분실했습니다.

첸뽀우뚀러
錢包丟了.

60. 도 난

돈지갑을 소매치기 당했습니다.

첸뽀우뻐이또우러
錢包被盜了.

61. 둔채 잊고 가다.

실례합니다. 제 카메라를 버스 안에 놓고 내렸습니다.

뚸이뿌치 워바샹지 팡짜이 처썅 쮸샤처러
對不起, 我把像機放在車上, 就下車了.

62. 선 물

딸에게 줄 생일선물입니다.

게이 쮜꾸냥쌩르리우더
給姑娘, 做生日禮物的.

63. 도난 신고

도난 신고하고 싶습니다.

샹뽀우안
想報案.

64. 매니저

매니저 좀 불러주세요.

칭쪼우이샤 관리저
請招呼一下管理者.

65. 찾는 짐이 없을 때

짐을 찾을 수 없습니다.

조우부또우 싱리러
找不到行李了.

66. 교통사고

한국에서 온 김인호입니다. 교통사고를 냈습니다.

쓰한궈라더 찐런호 추쪼퉁쓰꾸러
是韓國來的金仁浩, 出交通事故了.

67. 부   상

왼쪽 팔에 부상을 입었습니다.

줘거버 쏘우러쌍
左胳膊受了傷.

부
총
점
록
검

68. 호텔로 연락

제 가방을 찾는대로 연락해 주십시오.

找到了兜子, 請馬上聯系我.

69. 탑승 수속

서울행 KAL 205기의 탑승 수속을 어디서 합니까?

去往漢城的 KAL205 般機, 在什么地方辦手續?

70. 송이

포도 한 송이 주십시오.

給一束兒葡萄.

71. 감 사

도와주셔서 감사합니다.

謝謝幫我.

고맙습니다.

아닙니다. 괜찮습니다.

不, 沒關系.

72. 사례에 답

천만에요.

나얼더화
嗎兒的話.

73. 사과 · 유감 · 아쉬움

발을 밟았나요? 죄송해요.

차이죠러마? 뚜이뿌치
踩脚了嗎? 對不起.

유감이지만 갈 수가 없습니다.

쩐이한 뿌능취러
眞遺憾, 不能去了.

74. 실   례

실례지만 잠깐 [잠깐만 실례하겠습니다. 잠깐 무엇 좀
물어보겠습니다 등]

다죠우이샤[마판이샤, 원이쩬쓰 커이마
打攪一下, [麻煩一下, 問一件事可以嗎?]

75. 정중한 의뢰나 권유

커피 한 잔 드시겠습니까?

허이뻐이카퍼뿌
喝一杯咖啡不?

76. 바라다, 원하다, 갖고 싶다.

나는 ~을 원한다, 갖고 싶다.

워씨왕,　샹요우
我希望,　想要.

나는 새 차를 (몹시) 갖고 싶다.

워(페이창)샹요우 씬처
我(非常)想要新車.

나는 ~하기를 원한다, 바란다. ~하고 싶다.

워샹... 쮀,　씨왕,　샹간
我想...做,　希望,　想干.

77. 필　요

너는 ~할 필요가 있다. 너는 ~하지 않으면 안된다.
즉시 의사의 진찰을 받아야 하겠다.

니삐요우...쮀　　니뿌능뿌　　마쌍쏘우이전
你必要...做　　不能不　　馬上受醫珍.

78. 강한　선택

나는 ~하는 쪽이〔편이〕 낫다.

워하이쓰 ~ 호우　　　　我還是...好.

나는 갈비를 먹는 편이 낫겠어요.

워하이쓰 츠파이구호우
我還是吃排骨好.

79. 허 가

내가 ~해도 좋습니까?

워 ~ 커이마   我...可以嗎?

여기서 담배를 피워도 좋습니까? 네, 좋습니다.

짜이쩌리 씨엔 커이마   커이더
在這里吸烟可以嗎? 可以的.

사적인 질문을 해도 좋습니까?

원스쓰커이마
問私事可以嗎?

80. 정중한 표현

저는 ~을 원합니다.

워샹...   我想....

커피 한 잔을 원합니다.

워샹허 카퍼이
我想喝咖啡.

저는 ~하기를 원합니다.

워씨왕...   我希望....

저는 미왕선생을 면회하기를 원합니다.

워씨왕능꺼우 쩬또우 왕쎈썽
我希望能夠見到王先生.

당신을 만나뵙고 싶습니다.

쩐샹쩬또우니   眞想見到你.

81. 예 정

나는 ~할 예정입니다.

워다쏸   我打算...

나는 시내를 구경할 예정입니다.

워다쏸꽝이꽝쓰내이
我打算逛一逛市内.

나는 백화점에 갈 예정입니다. 〔갑니다〕

워다쏸취 바이훠쌍뗸
我打算去百貨商店.

수퍼마켓에 갈 예정입니다.

다쏸취 스핀뗸
打算去食品店.

82. 상대방의 예정 〔언제·누가·어디서·무엇을·어떻게·왜〕

언제 가실 예정입니까?

다쏸선머 스호우조우
打算什么時侯走?

누구를 만날 예정입니까?

다쏸 쩬수이   打算見誰?

어디에서 식사할 예정입니까?

다쏸짜이 선머띠팡 츠판
打算在什么地方吃飯.

83. 몇 차례·몇 번

상해가는 여객기는 몇 차례나 있습니까?

취쌍하이더 페이지 유지탕
去上海的飛機, 有几趟?

북경가는 열차는 몇 차례나 있습니까?

취버이찡더레처 유지탕
去北京的列車, 有几趟?

84. 지 연

얼마나 지연됩니까? (출발이)

완덴뚸창 스젠
晚点多長時間?

85. 연 착

여객기는 30분 연착했습니다.

퍼지완덴 싼스펀
飛機晚点三十分.

86. 통과여객

통과여객입니다.

쓰퉁꽌커어
是通關客.

87. 무착륙 비행

이것은 무착륙 비행기편입니까?

쩌쓰우쭤뤄 퍼이지마

這是無着陸飛機嗎?

88. 도중착륙

일본에서 도중착륙합니다.

짜이 르번쭝투쭤루

在日本中途着陸.

89. 갈아타다

나는 다른 여객기로 갈아타야만 한다.

워더이환청 베더빤지

我得換乘別的般機.

90. 갈아타는 공항

갈아타는 공항 이름은 무엇입니까?

환청더 지창밍쓰 선머

換乘的機場名是什么?

91. 양   보

먼저타세요. 먼저가세요. 먼저하세요.

쎈쌍바   쎈조우바   쎈쭤바

先上吧   先走吧.   先做吧.

92. 물건값

값을 깎을 수 있습니까?

능펜이덴마
能便宜点嗎?

값을 조금 깎아줄 수 있습니까?

짜이능펜이 이덴마
再能便宜一点嗎?

93. 출국수속

출국수속은 마치셨습니까?

빤완추궈쏘우쉬러마
辦完出國手續了嗎?

94. 현지 시간

북경 현지 시간은 몇 시입니까?

버이찡스젠 지덴
北京時間几点?

95. 다음 비행기

서울행 다음 비행기는 몇 시에 떠납니까?

쌰 츠카왕 한청더퍼이지 지덴추파
下次, 開往漢城的飛機几点出發?

96. 이 열차에 식당차가 있습니까?

쩌레처 유찬팅마
這列車有餐廳嗎?

97. 좌 석

미안합니다. 이 자리에 앉아도 될까요?

뚜이부치 쭤쩌얼 커이마
對不起, 坐這兒可以嗎?

98. 1박 예정

북경에서 1박할 예정입니다.

다쏸짜이 버이징 꿔이슈
打算在北京過一休.

99. 2박 3일 여행

상하이로 2박 3일 여행할 예정입니다.

다쏸짜이 쌍하이 뤼유랑슈쌴텐
打算在上海旅游兩休三天.

대화할 때 필요한 기본표현

● 다시 한번 말씀해 주시겠습니까?

충쒀이뼨 커이마
從說一遍可以嗎?

● 말씀을 잘 알아들을 수가 없군요.

팅뿌둥 쒀선머
聽不懂說什么?

● 말씀하시는 것을 이해할 수 없군요.

쒀선머 뿌리졔
說什么不理解.

● 내가 이해할 수 있도록 말씀하신 것을 적어주시겠습니까?

능뿌능바니 쒀쒀더 게이셰이샤 랑워호우리졔
能不能把你所說的給寫一下, 讓我好理解.

● 말씀하시는 것을 반정도만 이해합니다.

쒀쒀더 능리졔 이빤
所說的能理解一半.

● 제가 말을 제대로 했습니까?

워쒀화 쒀준러마
我說話說准了嗎?

자기소개의 기본표현 (1)

- 제 소개를 할까요?

  제쏘우 워 이샤야

  介紹我一下呀?

- 나의 이름은 김동수입니다.

  워쪼우찐뚱슈

  我叫金東秀.

- 성은 김이고 이름은 동수입니다.

  씽찐   쪼뚱슈

  姓金， 叫東秀.

- 제 소개를 하겠습니다.

  쩨쏘우워이샤바

  介紹我一下吧.

- 저는 김기수라고 합니다.

  워쪼우찐지쭈

  我叫金基洙.

- 그냥 기수라고 불러주세요.

  쮸쪼우 찌쭈커이러

  就叫基洙可以了.

자기소개의 기본표현 (2)

● 방금 소개된 김인수입니다.

   깡쩨소우더 찐런쭈
   剛介紹的金仁洙.

● 앞으로 저를 인수라고 불러 주십시오.

   왕호우 쨔워런쭈 커이러
   往后叫我仁洙可以了.

● 저는 한국에서 왔습니다.

   워쓰충 한궈라이더
   我是從韓國來的.

● 잘 부탁합니다.

   칭뚸꽌쨔우
   請多關照.

● 나의 중국어에 대해서 말씀을 드리면, 중국어를 못하기 때문에 잘해보려고 노력하고 있습니다.

   쒀쒀꽌위 워더쭝궈화 인워이쒀더뿌호우 쒀이샹호우홀쉐
   說說關于我的中國話, 因爲說得不好, 所以想好好兒學.

● 피눈물 나는 노력을 할 생각입니다. 감사합니다.

   샹런쩐쉐시, 칭뚸꽌쨔우
   想認眞學習, 請多關照.

자기소개의 기본표현 (3)

● 초면입니다. 인사나 하실까요.

추츠쩬몐 런스이샤

初次見面, 認識一下.

● 김동수라고 합니다. 한국에서 왔습니다.

쨔찐뚱슈 쓰충한궈라이더

叫金東秀, 是從韓國來的.

● 성함을 어떻게 불러야 되겠습니까?

전머청후니너

怎么稱呼你呢?

● 그냥 왕씨라고 부르세요.

쮸쨔우쑈왕 커이러

就叫小王可以了.

● 왕은 나의 성입니다.

워씽왕

我姓王.

A를 B에게 소개할 때 (1)

- 제 동생을 소개하겠습니다.

  쩨소우이샤 워띠띠

  介紹一下我弟弟.

- 제 동생과 인사나 하시죠.

  껀워띠띠런스이샤

  跟我弟弟認識一下.

- 제 부인과 인사하시죠.

  런스이샤 쓰워치즈(타이타이)

  認識一下, 是我妻子.(太太)

- 처음 뵙겠습니다. 부인

  추츠쩬멘 니호우

  初次見面, 你好.

- 왕씨한테서 말씀 많이 들었습니다.

  충로우왕나리 팅쒀궈 헌뚸츠러

  從老王那里聽說過很多次了.

- 그 전부터 꼭 만나뵙고 싶었습니다.

  이쳰카이스샹 이띵요우 쩬쩬닌러

  以前開始想一定要見見您了.

A를 B에게 소개할 때 (2)

● 왕선생 이쪽은 김씨입니다.

왕쎈성 쩌워이쓰 쏘찐

王先生, 這位是小金.

● 처음 뵙겠습니다. 왕씨 만나서 반갑습니다.

추츠쩬멘 왕쎈성 닌호우

初次見面, 王先生您好.

● 처음 뵙겠습니다 김씨, 나도 역시 만나서 반갑습니다.

추츠쩬도우로우찐 워예헌꼬우싱

初次見到老金, 我也很高興.

A를 B와 C에게 소개할 때

● 왕씨, 이분이 김씨, 이분은 한씨입니다.

왕쎈성 쩌워쓰 쑈찐, 쑈한
王先生, 這位是小金, 小韓.

● 이분은 왕씨입니다.

쩌워쓰 왕쎈성
這位是王先生.

● 처음 뵙겠습니다. 왕씨. 만나서 반갑습니다.

능꼬우 쩬또우 왕쎈성 헌꼬우싱
能夠見到王先生, 很高興.

● 두 분 처음 뵙겠습니다. 역시 만나서 반갑습니다.

량위 추츠 쩬몐 니호우
兩位初次見面, 你好.

간단한 인적사항을 곁들인 소개

(1)

● 왕씨, 이분은 삼성전자에서 근무하는 김씨입니다.

로왕 쩌워스 짜이싼싱뗀즈꿍쭤더 쇼찐
老王, 這位是在三星電子工作的小金.

● 김씨, 이분은 길림제약사에서 근무하시는 황씨입니다.

로우찐 쩌워스 지린쯔요우창 꿍쭤더 쑈황
老金, 這位是吉林制藥廠工作的小黃.

(2)

● 왕씨, 이분은 한 직장에서 같이 일하고 있는 민씨입니다.

왕센성 쩌워쓰 이치꿍쭤더 쇼민
王先生, 這位是一起工作的小民.

● 우리는 대학 동기입니다.

워먼스 따쉐퉁쉐
我們是大學同學.

● 동창생입니다.

쓰퉁촹
是同窗.

- 귀중한 거래처[고객, 단골]입니다.

  쓰꽌 씨딴워이 〔후이토우커〕
  是關系單位 〔回頭客〕.

- 나의 귀중한 구매자입니다.

  쓰워더 쭝요우 커런
  是我的重要客人.

- 이웃 동네분입니다.

  쓰린쮜
  是鄰居.

- 한 집 건너 옆집에 사십니다.

  쮸쮸짜이 거이쨔
  就住在格一家.

- 우리는 절친한 친구사이입니다.

  워먼랴쓰 쭈이호우더 펑유
  我們倆是最好的朋友.

감사할 때 필요한 기본표현   편지를 받고

● 편지 감사합니다.

쎄쎄닌게이워라이씬
謝謝您給我來信.

● 귀하의 편지 잘 받았습니다.

닌더 씬소우또우러
您的信收到了.

초대를 받고

● 초대해 주셔서 감사합니다.

쎄쎄 쪼우따이워
謝謝招帶我.

● 저녁식사에 초대해 주셔서 감사합니다.

쎄쎄쪼우따이 완찬
謝謝招帶晩餐.

● 결혼식에 초대해 주셔서 감사합니다.

쪼우따이워 찬쟈제훈스 뱌오스 간쎄
招帶我參加結昏式, 表示感謝.

● 집들이 파티에 초대해 주셔서 감사합니다.

쎄쎄요우칭워 찬쟈 원쮜이스
謝謝要請我參加溫居儀式.

● 생일파티에 초대해 주셔서 감사합니다.

쎵르리쪼우따이워 뱌오스간쎄
生日里招帶我表示感謝.

파티를 열어주어 감사할 때

● 저를 위해 파티를 열어주어 감사합니다.

워이워 쥐빤완후이 뱌오스간쎄
爲我擧辦晩會, 表示感謝.

● 저를 위해 환영회를 열어주어 감사합니다.

워이워카이빤 한잉후이 뱌오스간쎄
爲我開辦歡迎會, 表示感謝.

● 저를 위해 송별회를 열어주어 감사합니다.

워이워카이빤 환쏭후이 뱌오스간쎄
爲我開辦歡送會, 表示感謝.

● 전출 파티를 열어주어 김시합니다.

게이카이또우쳰환쏭후이 뱌오스간쎄
給開調遷歡送會, 表示感謝.

● 퇴직 파티를 열어주어 감사합니다.

카이투이즈 완후이 뱌오스간쎄
開退職晩會, 表示感謝.

● 축하회를 열어주어 대단히 감사합니다.

쥐빤쭈허완후이 뱌오스간쎄
擧辦祝賀晩會, 表示感謝.

선물을 받고 감사할 때

● 좋은 선물을 주서서 대단히 감사합니다.

쎄쎄쏭게이워 쩌머호우더리우
謝謝送給我這么好得禮物.

● 죄송합니다. 좀 늦었습니다.

뚜이뿌치 완러이뎬
對不起, 晩了一点.

● 늦어서 미안합니다. [죄송합니다]

라이완러 뚜이뿔이
來晩了, 對不起.

● 기다리게 해서 미안합니다.

랑쥬등러 뚜이뿔이
讓久等了, 對不起.

기분을 상하게 하고

● 기분을 상하게 해드렸다면 사과합니다.

루궈쌍러니더씬 워퍼리또우첸
如果, 傷了你的心, 我賠禮道謙.

● 화나게 해드렸다면 사과합니다.
기분 나쁘게 해드렸다면 사과합니다.

루궈러니썽치러 나머 헌뽀우첸
如果, 惹你生氣了, 那么很抱謙.

● 찾아뵙지 못해서 정말 죄송합니다.

메이유능꼬우취 빠이팡 쩐뽀우첸
沒有能夠去拜訪, 眞抱謙.

오랫동안 편지를 못하고

● 이렇게 오랫동안 격조하여 사과를 드려야겠습니다.

쩌머창스젠 마판러 헌뽀우첸
這么長時間麻煩了, 很抱謙.

● 무어라 사과를 드려야할 지 모르겠습니다.

뿌즈전머 또우첸호우
不知怎么道謙好.

● 사과할 것이 있습니다.

유또우첸더
有道謙的.

오히려 이쪽에서 사과해야 할 때

● 사과할 사람은 그쪽이 아니라 오히려 이쪽입니다.

또우첸더 부쓰니먼 얼스워먼
道謙的不是你們, 而是我們.

● 그 일로 사과하실 필요없습니다.
전혀 중대한 일이 아닙니다.

부요우 인워이 나젠스쒸또우첸 나부쓰 헌쭝요우더 쓰
不要因爲那件事說道謙, 那不是很重要的事.

일을 저지르고 또는 양해를 구할 때

● 내가 저지른 일을 사과합니다.

워러더 워퍼이리또우첸
我惹得我賠禮道謙.

● 실례[무례]를 사과합니다.

쒀또우첸
說道謙.

● 저의 경솔함을 사과드립니다.

쩐뽀우첸 타이칭쏴이러
眞抱謙, 太輕率了.

● 성가시게해서 죄송합니다.

마판니러
麻煩你了.

● 말씀 도중에 죄송합니다.

쒀화쭝헌뽀우 첸
說話中很抱謙.

● 얼굴(옷차림)이 이래서 죄송합니다.

장더초우 쩐뿌호우이스
長得丑, 眞不好意思

● 장갑을 낀채로입니다. 양해하여 주십시오.

따이상 소우토우러 칭웬량
戴上手套了, 請原涼.

가벼운 사과(액센트의 위치에 주의)

● 죄송합니다. 미안합니다.

뽀우첸   뚜이붙이

抱謙. 對不起.

● 죄송합니다. 미안합니다.

마판   부호우이스

麻煩. 不好意思

● 저야말로 사과합니다. 저야말로 죄송합니다.
  사과는 제가 해야죠.

헌뽀우첸   쩐뚜이붙이   퍼이리또우첸

很抱謙. 眞對不起. 賠禮道謙.

참고

● 감사합니다.

쎄쎄

謝謝.

● 감사는 오히려 제가 해야죠

쎄쎄더 잉까이쓰워

謝謝的應該是我.

● 미안!

뚜이붙치

對不起.

사과에 대한 응답

● 괜찮습니다.

부요우진

不要緊.

● 관계 없습니다.

메이꽌씨더

沒關系的.

● 천만에요.

나리나리

哪里哪里.

● 있을 수 있는 일이지요.

유커능더 쓰

有可能的事.

● 누구나 그럴 수 있는걸요.

수이도우후이나양더

誰都會那樣的.

● 그런건 괜찮습니다. [염려하지마]

부요우진   〔메이관시〕

不要緊.〔沒關系〕.

● 그런건 잊어주세요. [그 일은 잊어주시오]

부요우뗀찌러   〔왕러바〕

不要惦記了.〔忘了吧〕.

- 신경 쓰지마라, 괜찮다.

  부융초우씬러　메익관씨더
  不用操心了, 沒關系的.

- 중대한 일이 아닙니다.

  부쓰헌 쭝요우더 쓰
  不是很重要的事.

- 그 일은 걱정하지 마시오.

  부요우 초우씬러
  不要操信了.

- 그 까짓 일로 걱정마라.

  부요우중 뗀찌저
  不要總惦記着.

- 사과할 것 없다.

  메이유 따우첸더
  沒有道謙的.

- 사과할 쪽은 그쪽이 아니라 바로 이쪽입니다.

  따우첸더 부쓰 니먼 얼쓰 워먼
  道謙的不是你們, 而是我們.

- 나는 벌써 기분을 풀은걸요 뭐.

  워이찡 치쑈러
  我已經氣消了.

도움이나 친절에 대하여

- 당신의 친절에 깊이 감사합니다.

  뚜이니더 러칭 썬뱌오간쎄

  對你的熱情，深表感謝.

- 도와 주셔서 대단히 고맙습니다.

  쎄쎄닌더 빵쭈

  謝謝您的幫助.

- 조언해 주셔서 [힌트를 주어] 고맙습니다.

  쎄쎄니티싱워

  謝謝你提醒我.

- 위로해주셔서 깊이 감사합니다.

  쎄쎄니 안워이워

  謝謝你安慰我.

- 여러 가지로 애를 써 주셨습니다. 감사합니다.

  쎄쎄니티워조우로우

  謝謝你替我操撈.

- 정말 신세졌습니다.

  쩐마판니러

  眞麻煩你了.

- 여러 가지로 신세졌습니다.

  헌뛰팡멘 마판니러

  很多方面麻煩你了.

- 무어라고 감사해야 할지 모르겠습니다.

  뿌즈전머 간쎄니

  不知怎么感謝你.

- 여기있는 동안 베풀어주신 후대에 깊이 감사드립니다.

  쎄쎄 짜이쩌치젠더 꽌씬허쪼우꾸

  謝謝, 在這期間的關心和照顧.

- 당신의 은혜는 결코 잊지 않겠습니다.

  부후이 왕찌닌더 은후이

  不會忘記您的恩惠.

- 이 은혜를 어찌 갚아야할 지 모르겠습니다.

  뿌즈전머뽀우다 닌더은후이

  不知怎么報答您的恩惠.

- 당신에게 큰 은혜를 입고 있습니다.

  멍쓰우 닌더 은후이

  蒙受您的恩惠.

- 어떻게 감사를 충분히 드려야할 지 모르겠습니다.

  뿌즈전머 간세호우

  不知怎么感謝好.

감사표현에 대한 응답

● 천만에요.
　　나리나리
　　哪里哪里.

● 원 별말씀을
　　나얼더화
　　哪兒的話.

● 천만의 말씀입니다.
　　천완부요우　나머쒸
　　千萬不要那么說.

● 원 천만에요.
　　나얼더화
　　哪兒的話.

● 그걸 대단한 것으로 생각지 마십시오.
　　부요우런워이　선머료우부치더
　　不要認爲什么了不起的.

- 감사해야 할 쪽은 그쪽이 아니고 바로 이쪽입니다.

  까이 쎄쎄더부쓰 니먼 얼스 워먼

  該謝謝得不是你們, 而是我們.

- 당신을 도와드려서 기뻤습니다.

  능꼬우빵쭈니 헌꼬우싱

  能夠幫助你很高興.

- 나는 사람들 도와주는걸 좋아합니다.

  워시환빵베런

  我喜歡幫別人.

- 아! 아닙니다. 아무것도 아닙니다. 너무 그러지 마십시오.

  아, 뿌, 메이선머 베뿌호우이스

  阿!不, 沒什么, 別不好意思.

- 제가 큰 도움이 되었다니 기쁩니다.

  워능꼬우빵더또우니 헌꼬우싱

  我能夠幫得到你, 很高興.

- 제가 도울 수 있었던 것이 다행입니다.

  쩐쵸 워능꼬우 빵니

  眞巧, 我能夠幫你.

- 그건 기쁜 일입니다. [도와드린다는게 기쁜일이죠 뭐]

  나스 헌호우더 쓰 〔능꼬우 빵쭈베런 쓰헌호우더쓰

  那是很好的. 〔能夠幫助別人, 是很好的是〕.

길을 물을때와 안내할 때 (1)

● 실례합니다. 강남으로 가는 길을 가르쳐[안내해] 주시겠습니까?

칭원이샤 전머춰 쌍난
請問一下, 怎么去江南?

● 네. 여기서 소형버스를 타세요. 401호입니다.

짜이쩌리 쭤쯔우소우처, 쮸쓰 쓰바이링이호우처
在這里坐招手車, 就是四百零一號車.

● 강남까지는 몇 정거장입니까?

또우쨩난 유지거짠
到江南有几个站?

● 다섯 정거장 됩니다.

유우거짠
有五个站.

● 401호차는 얼마나 자주 다닙니까?

쓰바이링이호처 지펀중유이탕
四百零一號車, 几分鐘有一趟?

● 매 4분마다 있습니다.

머이쓰펀중이탕
每四分鐘一趟.

● 대단히 감사합니다.

쎼쎼
謝謝.

● 실례합니다. 이 길이 강북으로 가는 길입니까?

칭원이샤 쩌이거또우 쓰왕쨩난취더마
請問一下, 這个道是往江南去的嗎?

● 네, 그렇습니다.

쓰 쓰더
是, 是的.

● 좀 지나쳐 오셨습니다.
오던길을 2, 3분 도로 가십시오.

이징루꿔러 판후이조우 량 싼펀중바
已經路過了, 返回走兩三分鐘吧.

● 앞에 간판이 보일겁니다.

쳰몐후이유파이즈더
前面會有牌子的.

● 쉽게 찾을 수 있습니다.

후이룽이조우또우더
會容易找到的.

● 감사합니다.

쎄쎄   謝謝.

● 실례합니다. 경찰관님.
  여기가 초행이라서 길을 잃었습니다.
  여기가 어디쯤 됩니까?

  칭원이샤징꽌　워추츠라이　미루러　쩌리쓰선머띠팡
  請問一下警官，我初次來迷路了，這里是什么地
  方?

● 여기 지도가 있습니다.
  계신 곳이 이 지점입니다.

  쩌리유띠투　워먼쮸짜이　쩌리
  這里有地圖，我們就在這里．

● 저는 지금 공원에 있군요.

  워쎈짜이　쮸짜이꿍웰
  我現在，就在公圓．

● 실례합니다. 교통순경아저씨,
백화점가는 길을 찾고 있는데 가도록 도와주시겠습니까?

다죠우이샤 쨔퉁징퉁쯔 바이훠쌍뗴뗴전머취 빵이샤커이마
打擾一下交通警同志, 百貨商店怎么去, 幫一下可以嗎?

● 가르쳐 드리고 말고요.
중국엔 처음 오셨습니까?

땅란커이 쭝궈토우이츠라이마
當然可以. 中國頭一次來嗎?

● 네, 그렇습니다.
어리둥절해서 어찌할 바를 모르겠습니다.

쓰더 추츠라이 뿌즈 전머빤호우
是的, 初次來不知怎么辦好.

● 23번 버스를 타십시오. 정류장은 바로 저쪽입니다.

쭤알스싼호우 꿍꿍치처바 처짠쭤짜이 나뺀
坐二十三號公共汽車吧. 車站就在那邊.

● 실례합니다.
  천진 고속버스터미널에 어떻게 가는지 일러주시겠습니까?

마판닌이샤　전머취　텐찐꼬우쑤커윈짠너
麻煩您一下，怎么去天津高速客運站呢?

● 일러드리고 말고요.

땅란커이
當然可以.

● 길을 건너가서서 택시를 타시고 운전수에게
  장춘 버스터미널에서 내려달라고 하세요.

꿔취쩌어거또올　쭤디스　랑스지짜이　창춘커윈짠팅처
過去這个道，坐的士，讓司機在長春客運站停車.

(6)

- 실례합니다.
  잠시 말씀 좀 나누실까요? [뭣 좀 물어볼 수 있습니까?]

  다죠우이샤 원원이쩬쓰 커이마
  打擾一下, 問問一件事可以嗎?

- 네.

  커이
  可以.

- 이 근처에 한국식당이 있습니까?

  쩌푸찐유한궈판뗸마
  這付近有韓國飯店嗎?

- 글쎄요. 제가 아느한 없는걸로 알고 있습니다.

  쓰아 워찌더호우썅 메이유
  是呵, 我記得好像沒有.

- 중국식당만 있을 따름입니다.

  즈유쯍궈판뗸
  只有中國飯店.

● 여기가 어디쯤일까?

쩌리따까이 쓰선머띠팡

這里大槪是什么地方?

● 글쎄! 모르겠네요.

부타이즈또우

不太知道.

● 틀림없이 이 근처인데

부춰 쮜쓰쩌거푸찐

不錯, 就是這个附近.

● 아, 저기 경찰관이 오네요. 물어봅시다.

아 나리 징차꿔라이러 원이샤바

阿, 那里警察過來了, 問一下吧.

● 실례합니다. 경찰관님 가장 가까운 지하철역이 어디에
있는지 일러줄 수 있습니까?

칭원징꽌퉁쯔 리쩌리쮜이찐더 띠테짠 전머조우

請問警官同志, 離這里最近的地鐵站, 怎么走?

● 실례합니다. 81번을 타면 하남가에 갈 수 있습니까?

　칭원쭤빠스이호우처　능취허난쩨마
　請問, 坐八十一號車能去河南街嗎?

● 네, 그렇습니다만 빙 돌아가는 길이 됩니다.
　택시를 타시면 많은 시간이 절약됩니다.

　능쓰능　딴스　로우저조우　쭤디스능제웨헌뚸스젠
　能是能, 但是繞着走, 坐的士能節約很多時間.

● 여기 택시가 오는군요.

　쩌리꿔라이러디스
　這里過來了的士.

● 내가 잡겠습니다.

　워라이제처
　我來截車.

● 참 건물 크다! 몇 층이나 될까?

쩌쫭로우 쩐꼬우 능유지층

這幢樓眞高，能有几層?

● 왕씨 사무실은 어디에 있을까?

로우왕 빤꿍스짜이 나얼

老王辦公室在哪兒?

● 저기 안내소가 있습니다. 여직원에게 물어봅시다.

나리유 쏘우파스 윈이원 늬즈꿍바

那里有收發室，問一問女職工吧.

● 실례합니다. 아가씨,
왕씨 사무실은 몇 층이지요?

칭원쑈우제 로우왕 빤꿍스 쓰지로우

請問小姐，老王辦公室是几樓?

● 10층에 있습니다.

짜이스로우

在十樓.

● 이 근처에 주유소가 있다고 하던데요.

틴쉬쩌푸찐유 짜유짠
聽說這附近有加油站.

● 약 열상점 아래 있는데요.
도로에서 조금 들어가 있습니다.

따까이 짜이스쨔쌍뗀샤멘 충나거또우 조우찐이뎬 커이러
大概在十家商店下面, 從那个道走進一点可以
了.

● 차례를 기다리는 차들 좀 보세요.

칸이샤 등순쉬더처
看一下, 等順續的車.

● 손님 가득 채워 드릴까요?

쎈성 꽌만부
先生, 罐滿不?

● 그래요.

호우
好.

● 실례합니다. 이 길을 따라가면 지하철역이 나옵니까?

원이샤 순저 쩌거또우조우 유띠테짠마
問一下, 順着這个道走, 有地鐵站嗎?

● 네, 그렇습니다.

쓰더
是的.

● 지하철역으로 가는 지름길을 가르쳐 주시겠습니까?

능뿌능꼬우쑤이샤 취띠테짠더 찐또우마
能不能告訴一下, 去地鐵站的近道嗎?

● 이 길로 계속 가시다보면 큰 네 거리가 나옵니다.
죄회전하시고 똑바로 가십시오.

순저쩌거또우조우 유스쯔루코우 짜이나리 왕줘과이 젠즈
조우 커이러
順着這个道走, 有十字路口, 在那里往左拐, 簡
直走可以了.

```
┌─────────┐
│ 판   권 │
│ 본 사   │
│ 소   유 │
└─────────┘
```

 하나, 둘 **해외여행** 중국어

2002년 3월 20일 재판 인쇄
2002년 3월 30일 재판 발행

지은이 / 국제언어교육연구회
펴낸이 / 최 상 일

펴낸곳 / 태 을 출 판 사
서울특별시 강남구 도곡동 959-19
등록 / 1973년 1월10일(제4-10호)

■ **주문 및 연락처**

우편번호 ①⓪⓪ - ④⑤⑥
서울특별시 중구 신당6동 52-107 (동아빌딩 내)
전화 / 2237-5577 팩스 / 2233-6166

ISBN 89-493-0140-7 13720